教育經典叢書

教育的目的

The Aims of Education and Other Essays

[英] 懷特海　著

徐汝舟　譯

中華教育

序言 [1]

出版社再版懷特海教授的論文集《教育的目的及其他論文》，要我寫一篇序言。我想，最好的序言也許莫過於那句話：「酒好客自來。」由於某種原因，教育常常是一個枯燥的話題，但懷特海教授的論述卻使人興奮不已。他理應如此，因為他不斷追尋的主題就是，教育應該充滿生氣和活力。「成功的教育所傳授的知識必有某種創新……陳舊的知識會像魚一樣腐爛。」

本書收集的論文表達了一位偉人的觀點。他那廣博的知識涉及人類探索各個領域所取得的成就，加上他天賦特有的洞察力，使他的觀點具有不同尋常的新意。看看迄今人們就大學的作用是教育還是繁榮學術所發表的種種論述，與這些論述相比，懷特海的評論完全出人意料：「大學存在的理由是，它使青年和老年人融為一體，對學術進行充滿想像力的探索，從而在知識和追求生命的熱情之間

1　本序言是林塞為倫敦恩斯特・本有限公司 (Ernest Benn Limited) 1950 年出版的《教育的目的及其他論文》一書而寫。林塞 (Alexander Dunlop Lindsay，1879 — 1952)，英國著名的教育家，曾任格拉斯哥大學教授、英國工黨的教育政策顧問和牛津大學副校長。著有《民主的本質》(1929)、《現代世界中的宗教、科學與社會》(1943) 等。

架起橋樑。」

凡是閱讀這些論文的人必然會問：我們能否做些什麼使這些顯然正確的原理付諸實踐。這些論文對通行刻板的考試制度持否定態度。懷特海是一位教育公理主義者。他主張學校對考試擁有自主權。「每一所學校應根據本校的課程授予自己的畢業證書。對這些學校的標準應該進行抽樣評估和修正。但教育改革的首要條件是，學校作為一個獨立的單位，應有經過批准的課程，而這些課程是由本校教師根據學校自身的需要而設計制定的。」

上述建議見於他的《思想的組織》第一章，該文發表於1917 年。我從未聽到人們把這個建議作為教育管理中一項切實可行的改革措施而加以認真的討論。我想，現在是我們對懷特海教授的這個觀點和其他種種建議進行認真討論的時候了。

教育和教育管理中自有一種節奏。英國的教育體制過去如此缺乏條理，有如此多的缺漏和失敗，尤其是發展得如此不平衡，以至於多年來，改革家們始終在進行着艱苦的努力，並取得了可觀的成績。既然我們已經建立起某種制度，我們就應該大力提倡試驗和靈活性。教育屬於一種精神範疇的事物，但我們在教育自己的子女時，必須使精神附着於軀體，還要給軀體一副骨架。我們面臨的最艱難而又最重要的任務，是為精神、探索性試驗以及生活提供

自由的空間。我們應該這樣做，而當我們這樣做時會發現，懷特海教授的這些論文充滿了真正的智慧。

林塞

1949 年 9 月

目 錄

1 / 教育的目的

　　文化是思想活動，是對美和高尚情感的接受。支離破碎的信息或知識與文化毫不相干。一個人僅僅見多識廣，他不過是這個世界上最無用而令人討厭的人。我們要造就的是既有文化又掌握專門知識的人才。專業知識為他們奠定起步的基礎，而文化則像哲學和藝術一樣將他們引向深奧高遠之境。我們必須記住，自我發展才是有價值的智力發展，而這種發展往往發生在 16 歲到 30 歲之間。至於說到人的培養，人們所受到的最重要的培養是他們 12 歲以前從母親那裏接受的教養。大主教坦普爾[1]的一句名言可以說明我的意思。一個曾經在拉格比公學[2]讀書時成績平平的男孩，長大後取得了成就，這不禁使人感到驚訝。坦普爾大主教的回答是：「人們 18 歲時怎麼樣並不重要，重要的是他們後來會如何發展。」

　　培養一個兒童如何思維，最重要的是必須注意我所說的那種「呆滯的思想」——這種思想僅為大腦所接受卻不加

1　弗雷德里克・坦普爾 (Frederick Temple，1821 — 1902)，英國教育改革家，曾任牛津大學講師和拉格比公學校長，在拉格比公學增設歷史、科學、音樂等課程；1896 年任坎特伯雷大主教，成為英國聖公會的精神領袖。

2　拉格比公學 (Rugby)，英國建於 1567 年的男童學校，後成為英國著名的公立學校。該校也是英式橄欖球的發源地。

以利用，或不進行檢驗，或沒有與其他新穎的思想有機地融為一體。

在教育發展史上，最引人注意的現象是，一些學校在某個時期充滿天才創造的活力，後來卻迂腐而墨守成規。其原因就在於，這些學校深受這種呆滯思想的束縛和影響。囿於這種思想的教育不僅毫無價值，還極其有害。除了在知識蓬勃發展的少數時期外，過去的教育完全受這種呆滯思想的影響。這也說明為什麼那些聰慧的婦女，雖然她們未受教育，但閱歷豐富，當她們步入中年時，便成為社會中最有文化修養的群體。她們免受了這種呆滯思想的可怕束縛。使人類走向偉大崇高的每一次知識革命無不是對這種呆滯思想的激烈反抗。然而，遺憾的是，我們對人類的心理特點茫然無知，於是某種教育體制自身形成的僵化思想重又束縛了人類。

現在讓我們來看看，在我們的教育制度中應如何防止這種精神和思想上的僵化陳腐。我們先來說明教育上的兩條戒律，其一，「不可教太多的科目」；其次，「所教科目務須透徹」。

在眾多的科目中選擇一小部分進行教授，其結果是，學生被動地接受不連貫的思想概念，沒有任何生命的火花閃爍。在兒童教育中引進的主要思想概念要少而精，這些思想概念能形成各種可能的組合，兒童應該使這些思想概念變成自己的概念，應該理解如何將它們應用於現實生活

中。兒童從一開始接受教育起，就應該體驗發現的樂趣。他必須發現，一般的概念能使他理解他一生中遇到的、構成他生活的種種事件。我用「理解」這個詞，意思不僅限於一種邏輯分析，雖然它包含了邏輯分析。我用這個詞是取它在法國諺語「理解一切即寬恕一切」中的含義。賣弄學問的人會譏笑那種實用的教育。但教育若無用，它又何成其為教育？難道教育是一種不加以利用的才智？教育當然應該有用，不管你的生活目的是什麼。教育對聖奧古斯丁[3]有用，對拿破崙[4]有用。教育有用，因為理解生活是有用的。

我只是簡單地提到應由文學教育傳授的那種理解，我也不希望人們以為我要對古典或現代課程的價值發表評論。我只想說，我們需要的理解是一種對現在的理解。過去的知識唯其有價值，就在於它武裝我們的頭腦，使我們面對現在。再沒有比輕視現在給青年人帶來更嚴重的危害了。現在包含一切。現在是神聖的境界，因為它包含過去，又孕育着未來。同時我們必須注意，一個 200 年前的時代與一個 2000 年前的時代同樣古老。不要被形式上的年

3　聖奧古斯丁（Saint Augustine of Canterbury，？— 604），可能出身於羅馬貴族，曾任羅馬本篤會聖安德烈隱修院院長。他奉教皇格利高利一世派遣，於公元 597 年率 40 名修士組成的傳教團到達英格蘭，使英格蘭人皈依基督教，同年任坎特伯雷首任基督教大主教。

4　拿破崙・波拿巴（Napoleon Bonaparte，1769 — 1821），法蘭西第一帝國皇帝（1804 — 1814；1815），曾頒佈《拿破崙法典》，率軍出征歐洲，對法國和歐洲的政治和歷史產生過重要影響。

代所蒙蔽。莎士比亞[5]和莫里哀[6]的時代與索福克勒斯[7]和維吉爾[8]的時代一樣古老。先賢們的思想交流是啟發靈智的盛會，但聚會只可能有一個殿堂，這就是現在；任何先賢來到這個殿堂所經歷的時間沒有什麼不同的意義。

當我們轉而考察科學和邏輯的教育時，我們應記住，在這裏不加利用的思想概念同樣是十分有害的。我所說的利用一個思想概念，是指將它與一連串複雜的感性知覺、情感、希望、慾望以及調節思維的精神活動聯繫在一起，這構成了我們的生活。我可以想像那些通過被動地考察不連貫的思想來加強自己靈魂的人，但人類不是這樣發展而來的——也許某些報紙的編輯是這樣。

在科學訓練中，對一個概念所要做的第一件事就是去證明它。但請允許我先擴展「證明」這個詞的含義：我的意思是——證明其價值。如果體現某一思想概念的主題不真

5　威廉・莎士比亞 (William Shakespeare，1564 — 1616)，英國偉大的詩人和劇作家，傳世作品有 37 部戲劇、154 首十四行詩、兩首長詩和其他詩歌，在世界文學中佔有獨特的地位。

6　莫里哀 (Moliere，1622 — 1673)，法國古典主義時期著名劇作家，成功地創造了法國現實主義喜劇和新的喜劇風格，主要作品有《憤世嫉俗》、《吝嗇鬼》、《貴人迷》等。

7　索福克勒斯 (Sophocles，公元前 496 — 前 406)，古希臘三大悲劇作家之一，受過良好教育，一生寫作一百二十多部劇本，使悲劇藝術達到完美的境界。傳世作品有《埃阿斯》、《安提戈涅》、《俄狄浦斯王》等。

8　維吉爾 (Virgil，公元前 70 — 前 19)，古羅馬偉大詩人，在修辭學和哲學方面受過良好訓練，他的詩句富於音樂美，傳世作品有史詩《埃涅阿斯紀》、《農事詩》4 卷和《牧歌》等，對歐洲文藝復興和古典主義文學產生了巨大的影響。

實，那麼這個思想概念就沒有多少價值。因此，對某一思想概念的證明，最重要的是通過實驗證明或在邏輯上證明其主題的真實性。但證明主題的真實性並不構成最初採用這一概念的必要條件。畢竟，可尊敬的教師們的權威意見堅持這一點，這是開始討論這個問題的充分根據。在我們最初接觸一系列命題時，我們從評價它們的重要性入手。這是我們所有的人在後半生所做的事。從嚴格的意義上說，我們並不試圖證明或反駁任何事物，除非其重要性值得我們這樣做。證明（從狹義上說）和評價，這兩個過程並不要求在時間上嚴格地分開，兩者幾乎可能同時進行。但因為任何一個過程必須有優先性，因此應該優先考慮評價過程。

此外，我們不應該試圖孤立地利用各種主題。我的意思絕不是用一組簡單的實驗說明主題Ⅰ，然後證明主題Ⅰ；接着用一組簡單的實驗說明主題Ⅱ，然後證明主題Ⅱ，依次進行直到書的末尾。再沒有比這更枯燥的了。互相聯繫的原理作為整體一起加以利用，各種不同的主題按任何順序反覆使用。從理論科目中選擇一些重要的用途，通過系統的理論闡述對這些用途同時進行研究。理論闡述須簡短，但應嚴謹精確。它不能太長，否則人們不易透徹準確地理解。頭腦裏裝滿大量一知半解的理論知識，其後果令人悲歎。理論也不應該與實際相混淆。兒童在證明和利用時，他不應該有疑慮。我的觀點是，被證明的應該加

以利用，被利用的應該 —— 只要可行 —— 加以證明。我絕不堅持認為證明和利用是同一件事。

敘述到此，我可以用一種表面看似離題的方式更直接地闡明我的論點。我們剛剛開始認識到，教育的藝術和科學需要一種天才，需要對這種藝術及科學進行研究；我們認識到，這種天才和科學不僅僅是某種科學的或文學的知識。上一代人只是部分地認識這個道理；中學和小學裏那些多少有點粗俗的校長們，往往要求同事們左手投保齡球，要求他們對足球感興趣，以此來取代學術。然而，文化比板球豐富，比足球豐富，文化也比廣博的知識更為豐富。

教育是教人們掌握如何運用知識的藝術。這是一種很難傳授的藝術。你可以肯定，不管什麼時候，只要有人寫出一本具有真正教育價值的教科書，就會有某位評論家說這本教材很難用。這種教材當然不容易教。倘若容易，就應該將它付之一炬，因為它不可能有教育的價值。在教育中就像在其他領域中一樣，那條寬廣卻又危險的路通往一個糟糕的地方。這條有害的路由一本書或一系列講座來體現，書和講座幾乎能使學生記住下一次校外考試[9]中可能出現的所有問題。我可以順便說一句，一個學生在任何考

9　校外考試 (external examination) 指由一個專門機構，而不是由組織學生準備考試的機構出題或評卷的考試。

試中要直接回答的每一個問題如果不由他的老師設計或修改，這種教育制度是沒有發展前途的。校外評定員可以報告課程的情況或學生的表現，但絕不能問未經學生自己的教師嚴格審閱的問題，或者這個問題至少是經過與學生長時間的討論而引發出來的。這條規則有少數例外，但因為它們是例外，在總的規則下是容易允許的。

現在回到我前面提到的論點，即各種理論概念在學生的課程中應該永遠具有重要的應用性。這並不是一個容易付諸實踐的原理，相反，很難實行。它本身便涉及這樣的問題：要使知識充滿活力，不能使知識僵化，而這是一切教育的核心問題。

最好的做法取決於以下諸項不可忽視的因素，即教師的天賦，學生的智力類型，他們生活的前景，學校周圍環境提供的機會，以及與此相關的各種因素。正是由於這個原因，統一的校外考試是極其有害的。我們指責這種考試並非因為我們是怪人，也不是因為我們熱衷於指責已經確定的事物。我們並不這樣幼稚。當然，這類考試在檢查學生的懈怠方面也有用處。我們討厭這種考試的理由是十分明確而又具有實際意義的，因為它扼殺了文化的精髓。當你憑據經驗來分析教育的中心任務時，你會發現，圓滿完成這一任務取決於對多種可變因素做精妙的調整。這是因為，我們是在與人的大腦而不是與僵死的物質打交道。喚起學生的求知慾和判斷力，以及控制複雜情況的能力，使

他們在特殊情況下應用理論知識對前景做出展望——所有這些能力不是靠一條體現在各科目考試中的固定規則所能傳授的。

我請你們這些注重實際的教師們注意。如果一個班級的課堂紀律良好，那麼就有可能向學生們灌輸一定量的死板的知識。你採用一種教材，讓他們學習。在某種程度上來說，一切順利。學生們然後知道了如何解二次方程。但教會學生解二次方程的意義是什麼呢？對這個問題有一種傳統的回答，即人的大腦是一種工具，你首先要使它鋒利，然後再使用它；掌握解二次方程的本領便是一種磨礪大腦的過程。這個回答具有一定的真實性，因此幾代教育家都接受了它。但儘管如此，它包含一種根本性的錯誤，可能扼殺我們這個世界的天才。我不知道是誰最先把人的大腦比作一種無生命的工具。據我所知，這也許是希臘七個智者中的一位提出的，或者是他們全體的看法。不管發明者是誰，歷代傑出人物贊同此說而使它具有的權威性不容懷疑。然而，不管這種說法多麼權威，不管什麼樣的名人對此表示過贊同，我都毫不猶豫地抨擊這種說法，視其為迄今存在於教育理論中的最致命、最錯誤因而也是最危險的一種觀點。人的大腦從來不是消極被動的；它處於一種永恆的活動中，精細而敏銳，接受外界的刺激，對刺激做出反應。你不能延遲大腦的生命，像工具一樣先把它磨好然後再使用它。不管學生對你的主題有什麼興趣，必須

此刻就喚起它；不管你要加強學生什麼樣的能力，必須即刻就進行；不管你的教學給予精神生活什麼潛在價值，你必須現在就展現它。這是教育的金科玉律，也是一條很難遵守的規律。

這種困難在於：對於一般概念的理解，以及大腦智力活動的習慣，還有對智力成就的令人快樂的關注，這些都無法用任何形式的言語喚起，不管你怎樣正確地調整。凡有實際經驗的教師都知道，教育是一種掌握種種細節的需要耐心的過程，一分鐘，一小時，日復一日的循環。企圖通過一種虛幻的方法做出高明的概括，學習上絕無此種捷徑。我們知道有一句諺語「見樹不見林」，這正是我要強調的一點。教育需要解決的問題就是使學生通過樹木看見森林。

我極力主張的解決方法是，要根除各科目之間那種致命的分離狀況，因為它扼殺了現代課程的生命力。教育只有一個主題，那就是五彩繽紛的生活。但我們沒有向學生展現生活這個獨特的統一體，而是教他們代數、幾何、科學、歷史，卻毫無結果；我們讓孩子們學兩三種語言，但他們卻從來沒有真正掌握；最後，是最令人乏味的文學，常常是莎士比亞的一些戲劇作品，配有實際上是為讓學生背誦的語言方面的註釋和簡短的劇情人物分析。以上這些能說代表了生活嗎？充其量只能說，那不過是一個神在考慮創造世界時他腦海中飛快瀏覽的一個目錄表，那時他還

沒有決定如何將它們合為一體。

　　現在讓我們回到二次方程上來，我們還沒有解決這個問題。為什麼要教兒童二次方程的解法？如果二次方程不適合一套連貫的課程，當然沒有理由去教與它有關的任何知識。此外，因為數學在整個文化中的位置應該涉及很廣的範圍，我有點懷疑對許多類型的兒童來說，二次方程的代數解法是否不取決於數學的專業化的一面。在此我可以提醒你們，到目前為止我還沒有對心理學或專門化內容作任何評論，而它是理想教育的必要組成部分。不過，以上所說是迴避我們前面提到的問題，我說這些只是為了使我下面的回答不致引起誤解。

　　二次方程是代數學的一部分，而代數學是人們創造出來用以清晰描繪量化世界的智力工具。我們無法迴避數量，世界自始至終都受到數量的影響，說話有道理就是作量化描述。說這個國家大毫無意義——有多大？說缺乏鐳也無意義——缺多少？你不能迴避量的概念。也許你可以轉向詩歌和音樂的王國，但在節奏和音階方面你仍會遇到量和數。那些蔑視數量理論的優雅的學者是不健全的。與其指責他們，不如憐憫他們。他們在學校中學到的那些零星的莫名其妙的代數知識應該受到輕視。

　　代數學無論在表面上還是事實上，都退化成了無意義的所謂知識，這為我們提供了一個可悲的例子，說明如果人們對自己希望在兒童生動活潑的頭腦裏喚起的特性缺

乏清晰的概念，則改革教育的計劃表是沒有價值的。幾年前，人們強烈要求改革學校中的代數課，但多數人都同意圖表可以解決一切問題。於是，學校淘汰了所有的方法，開始推行圖表法。但就我所看到的而言，僅僅是圖表而已，根本沒有思想或概念。現在每次考試總有一兩道圖解題。我個人是圖解法的積極擁護者，但我不知道我們是否取得了很大的進展。生活與所有智力或情感認知能力的某種基本特點之間存在着關係，如果你不能展現這種關係，你就無法將生活融入任何普通教育的計劃中。這是一句難理解的話，但它有道理。我不知道如何使它更容易理解。在做這種小小的正式改動時，你恰恰被事物的本質難倒。你的對手本領太高，他能使豌豆永遠在另一個套筒下[10]。

改革必須從另一邊開始。首先，你必須接受普通教育中很容易採用的對世界的量化描述方法。其次，應該制訂出代數的計劃，這個計劃將在這些應用中發現它的範例。我們不必擔心我們特別喜歡的那些圖表，當我們開始把代數學當作研究世界的重要手段時，圖表會大量出現。對社會進行最簡明的研究時，可以用某些最簡單的圖表來進行量化描述。歷史課圖表中的那些曲線要比枯燥的人名、日期一覽表更生動，更直觀，但這種一覽表卻構成了我們學校枯燥的學習中的主要內容。不知名的國王和王后的一覽

10　原意為用巧妙的辦法騙人，此處指勝過對方。

表能達到什麼目的？湯姆、迪克，或哈里，他們都死了。普通的起死回生是不可能的。現代社會中各種勢力的量的變化可以用極簡明的方法顯示。同時，關於變量的概念，關於函數、變化速率、方程及其解法的概念，還有數學中消去的概念，都因其自身的原因而被作為一種純概念的科學來進行研究。當然，不是用此刻我提到它們時所用的這些華麗的詞藻，而是重複使用那些適合教學的簡單而特殊的實例。

如果遵循這樣一條路線，那麼從喬叟[11]到黑死病[12]，從黑死病到現代勞工問題，這條線索將把中世紀有關朝聖者們的傳說與代數這門抽象的科學聯繫起來，兩者都從諸多不同的方面反映了那個獨一無二的主題，即：生活。我知道你們大多數人對這一點的看法。你們認為我所勾勒出的這條線索並不是你們想選擇的線索，甚至也不是你們要看它如何起作用的線索。對此我頗為贊同。我並不是說我可以自己做這點。但你們的反對恰恰說明了為什麼統一的校外考試對教育是極其有害的。展現知識應用的過程若要取得成功，必須首先取決於學生的特點和教師的天賦。當然，我忽略了我們大多數人都比較熟悉的最簡單的應用。

11　傑弗里‧喬叟 (Geoffrey Chaucer，1342 或 1343 — 1400)，英國偉大的作家和詩人，享有「英國詩歌之父」的美名。著有《坎特伯雷故事集》。

12　黑死病 (the Black Death)，14 世紀蔓延於歐洲和亞洲的鼠疫傳染病，導致歐洲約二千五百萬人死亡。

我指的是那些涉及量的科學，如力學和物理學。

而且，在同樣的關係中，我們用社會現象的統計資料與時間對照，然後我們取消相關的一對事實之間的時間。我們能夠推斷我們在多大程度上展現了一種真正的因果關係，或多大程度上僅僅是時間上的巧合。我們注意到，對不同國家的事實，我們可能使用了一組不同的統計數據與時間對照，這樣，通過對題目的適當選擇，就可能得到肯定僅僅是展現巧合的圖表。同樣，其他圖表可顯示明顯的因果關係。我們不知道如何區分兩者間的不同，因此我們繼續論述。

然而，在考慮這種描述時，我必須請你們記住我始終堅持的下述論點。首先，一種想法不會適合各種類型的兒童。例如，我想，手工靈巧的兒童會需要比我在此記下的更具體、從某種意義上來說更敏捷的東西。也許我錯了，但我應該做這種推測。其次，我並不認為一次出色的講座就能一勞永逸地引起全班的讚美。這不是教育進展的方式。不；學生們始終在努力地解題，畫圖表，做實驗，直到他們完全掌握了整個題目。我在描述各種解釋，即在思維方面應給予孩子們的指導。必須讓學生們感到他們在學習某種東西，而不僅僅是在表演智力的小步舞。

最後，如果你教的學生要參加某種統一的普通考試，那麼如何實施完美的教學便是一個極其複雜的問題。你是否注意過諾曼式拱形結構那彎曲的造型？古代的作品精美

絕倫，現代的作品則醜陋不堪。其原因就在於，現代作品按精確的尺寸設計製作，而古代的作品則隨工匠的風格而變化。現代是擁擠，古代是舒展。現在，要使學生通過考試，就要對教學的各個科目都給予同等的重視。但人類天生是一個適應並局限於一定生存模式的專門化的物種。某個人看見的是整個題目，而另一個人則可能只發現一些獨立的例證。我知道，在專為一種廣博的文化而設計的課程中為專門化留出餘地似乎是矛盾的。但沒有矛盾，世界會變得更簡單，也許更單調。我肯定，在教育中只要你排斥專門化，你就是在破壞生活。

現在我們來看看普通數學教育中的另一個重要的分支：幾何學。同樣的原理也適用於這裏。理論部分應該輪廓分明，嚴密，簡潔，有重要意義。對顯示各種概念之間主要聯繫並非必要的任何論點都應刪除，但應保留所有重要的基本概念。不應刪除這樣的概念，如相似性和比例。我們必須記住，由於圖形的視覺效果提供的幫助，幾何學是訓練大腦推理演繹能力的無與倫比的學科。當然，隨後就有了幾何製圖，它訓練人的手和眼睛。

然而，像代數學一樣，幾何與幾何製圖必須超越幾何概念的範疇。在相鄰的工業領域，機械和車間操作實踐形成幾何學知識的適當延伸。例如，倫敦工藝專科學校在這方面取得了引人注目的成就。對許多中等學校來說，我建議使用測量和繪圖法。尤其是平板儀測量可以使學生對

幾何原理的直接應用產生一種生動的理解。簡單的繪圖工具，一條測鏈，一個測繪羅盤儀，這些東西可以引導學生從勘測和丈量一塊場地進而繪製一個小區域的地圖。最優秀的教育在於能夠用最簡單的工具獲得最多的知識。提供精製的工具儀器會受到反對。繪製出一個小區域的地圖，細心考慮該區的道路、輪廓、地質情況、氣候，該區與其他地區的關係，以及對該區居民地位的影響，這些會比任何關於珀金・沃貝克[13]或貝倫海峽（Behren's Straits）的知識使學生懂得更多的歷史和地理。我的意思不是指就這個題目做一次含糊不清的演講，而是進行認真的調查研究，這種調查通過正確無誤的理論知識來確定真實的事實。一個典型的數學問題應該是：測量某一塊場地，按某種比例尺繪製出它的平面圖，並找到這樣的地方。這是一種很好的程序，即提出必要的幾何命題卻不進行證明。然後在進行測量的同時學會證明這個命題。

幸運的是，教育涉及的專業化的一面所提出的問題比普通文化提出的問題更容易些。原因是多方面的。一個原因是，須要遵守的許多程序的原則在這兩種情況下是相同的，因此不必重新講述。另一個原因是，專門化的訓練出

13　珀金・沃貝克（Perkin Warbeck，1474？—1499），英國歷史上的騙子，曾組織反對英格蘭都鐸王朝的力量，三次入侵英格蘭，但被亨利七世的軍隊擊敗，後被俘處以絞刑。

現在 —— 或者說應該出現在 —— 學生課程的更高級的階段，此時可以利用比較容易些的材料。但毫無疑問，主要原因是，對學生來說，專業學習通常是一種具有特殊興趣的學習。學生之所以學習某種專門知識，部分原因是因為他想了解這種知識。這就使情況大不相同了。普通文化旨在培養大腦的智力活動，而專業課程則是利用這種活動。但不應過分強調兩者之間這種簡單的對立。正如我們所看到的，在普通的文化課程中，學生會對特殊的問題產生興趣；同樣，在專業學習中，學科外在的聯繫使學生的思想馳騁於專業領域之外更廣闊的空間。

此外，在學習中不存在一種課程僅僅傳授普通的文化知識，而另一種課程傳授特殊的專業知識。為接受普通教育而學習的課程是為學生特別設置的專門學習的課程。另一方面，促進普通腦力活動的一種方法是培養一種特殊的專注。你不能將學習渾然一體的表面分開。教育所要傳授的是對思想的力量、思想的美、思想的條理的一種深刻的認識，以及一種特殊的知識，這種知識與知識掌握者的生活有着特別的關係。

對思想條理的領會是有文化教養的人通過專門學習才能得到的。我指的是對通盤棋的辨別力，對一組思想與另一組思想間關係的辨別力。只有通過專門學習，人們才能領會一般思想的準確闡述，領會這些思想被闡述時它們相互間的關係，領會這些思想對理解生活的作用。經過這樣

訓練的大腦應具備更抽象和更具體的思維能力。它一直在受着這樣的訓練：理解抽象的思維，分析具體的事實。

最後，應該培養所有精神活動特質中最樸素簡約的特質，我指的是對風格的鑒賞。這是一種審美的能力，它建立在欣賞通過簡約的方式直接達到預見的目標。藝術中的風格，文學中的風格，科學中的風格，邏輯中的風格，實際做某件事的風格，從根本上說，都具有相同的審美性質，即實現和約束。愛一個科目本身以及為一個科目本身而熱愛它，這種愛是體現於學習中的對風格的熱愛，它不是在精神世界徜徉所帶來的催人欲睡的快樂。

這樣，我們便又回到我們開始討論的地方，即教育的功用。按風格最完美的意義，它是受教育的文化人最後學到的東西；它也是最有用的東西。風格無處不在。欣賞風格的管理人員討厭浪費；欣賞風格的工程師會充分利用他的材料；欣賞風格的工匠喜歡精美的作品。風格是智者的最高德性。

然而，在風格之上，在知識之上，還存在着某種東西，一種模糊的東西，就好像主宰希臘眾神的命運一樣。這個東西就是力。風格是力的塑造，是力的約束。但是，實現理想目標所需要的力畢竟是極為重要的。首先要達到目標。不要為你的風格而煩惱，去解決你的問題，去向人們證明上帝的方法是正確的，去執行你的職責，或者去完成擺在你面前的其他任何任務。

那麼風格對我們有什麼幫助？風格幫助你直接達到目標，使你避開無關的問題，而不會引出令人討厭的東西。有了風格，你可以實現你的目標。有了風格，你可以計算出行動的效果，而預見的能力也成為神賜予人類的最後的禮物。風格會增加你的力量，因為你的大腦不會因枝節問題而分心，你將更有可能實現自己的目的。風格是專家獨享的特權。誰聽說過業餘畫家的風格？誰聽說過業餘詩人的風格？風格永遠是專業化學習的結果，是專門化研究對文化做出的特有的貢獻。

英國現階段的教育缺乏明確的目的，受到扼殺教育生命力的外部機構的損害。到目前為止，我在這次演講中始終在考慮那些應對教育起決定作用的目的。在這方面，英國在兩種意見之間徘徊不前：它還沒有確定是培養業餘愛好者還是造就專家。19世紀世界發生的深刻變化是，知識的增長使我們能夠預見未來。我們所說的業餘愛好者基本上是這樣一種人，他們有鑒賞力，在掌握某種固定的程序化的工作時具有多種才藝。但他們缺乏專業知識賦予一個人的預見能力。我此次演講的目的，就是提出如何造就具有業餘愛好者基本優點的專家。英國中等教育的狀況是，在那些應該柔韌而富有彈性的地方僵化刻板，而在那些應該嚴格精確的地方卻鬆散不嚴密。所有的學校都受到束縛，它們不得不訓練學生去應付小範圍的限制性的考試，否則學校便無法生存。沒有一個校長能夠按照學校面臨的

機遇，自由地發展普通教育或專業學習，這些機遇是由該校的教職人員、學校環境、它的學生以及它得到的捐款所創造的。我認為，所有以考核單個學生為目的的校外考試制度不會有任何結果，只會造成教育方面的浪費。

首先應該考核的不是學生而是學校。每一所學校應根據本校的課程授予自己的畢業證書。對這些學校的標準應該進行抽樣評估和修正。但教育改革的首要條件是，學校作為一個獨立的單位，應有經過批准的課程，而這些課程是由本校教師根據學校自身的需要而設計制定的。假如我們不能保證這點，我們不過是從一種形式主義陷入另一種形式主義，從一團陳腐呆滯的思想陷入另一團同樣沒有生命的思想中。

在說明學校是任何全國性的制度中能確保效率的真正的教育單位時，我曾設想過一種方法來代替以考核單個學生為目的的校外考試制度。但每個斯庫拉女妖都面對她的卡律布狄斯[14]——或者換一種更通俗的說法，道路兩邊都有壕溝。如果教育受這樣一種管理部門的控制，它認為可以把所有的學校分為兩三種死板的類型，並強迫每一類學校採取一種刻板的課程，這對於教育來說同樣是災難性

14　斯庫拉 (Scylla) 和卡律布狄斯 (Charybdis) 均為希臘神話中的女妖，斯庫拉住在意大利和西西里島之間的海峽中的一個洞穴裏，卡律布狄斯住在對岸距她一箭之遙處的一棵無花果樹下。航海者要從這兩個怪物間的海面上通過將冒極大的危險。「斯庫拉和卡律布狄斯」喻義雙重危險。

的。當我說學校是教育單位時，我的意思是指完完全全的教育單位。每所學校必須有權考慮自身的特殊情況。為了某些目的將學校分類是必要的，但不容許未經學校教職人員修正的極其死板的課程。經過適當修改的同樣的原則，也適用於大學和技術學院。

當你全面考慮教育國家的年青一代這樣重要的問題，考慮輕率的惰性導致絕望的生活、破滅的希望和全國性的失敗時，你很難抑制心中的怒火。現代生活環境中的法則是絕對的。一個不重視培養智力的民族注定將被淘汰。並不是你所有的英雄行為、社交魅力，你的智慧以及你在陸地或海上取得的勝利可以改變你的命運。今天我們保持着自己的地位。明天科學又將向前邁進一步，那時，當命運之神對未受良好教育的人做出判決時，將不會有人為他們提出上訴。

我們可以對自有文明史以來人們普遍信仰的教育理想的概括感到滿意。教育的本質在於它那虔誠的宗教性。

那麼請問，什麼是宗教性的教育？

宗教性的教育是這樣一種教育：它諄諄教導受教育者要有責任感和崇敬感。責任來自於我們對事物發展過程具有的潛在控制。當可習得的知識能夠改變結局時，愚昧無知便成為罪惡。而崇敬是基於這樣的認識：現在本身就包含着全部的存在，那漫長完整的時間，它屬於永恆。

2 / 教育的節奏

　　我用教育的節奏來指一個特定的原則，這個原則在實際應用中對任何有教育經驗的人來說都是十分熟悉的。因此，當我想到我是在向英國的一些著名的教育家們發表講演時，我並不指望我的講演內容對他們會有什麼新意。但我確實認為，考慮到指導該原則應用的所有因素，人們還沒有對這個原則進行充分的討論。

　　首先，我要尋找一種最不加掩飾的敍述方法來說明我所指的教育節奏的含義，這種敍述須明確無疑地闡明此次講演的要點。我所說的這個原則不過如此 —— 不同的科目和不同的學習方式應該在學生的智力發育達到適當的階段時採用。你們會同意我的看法，認為這是眾所周知的老生常談，從來沒有人懷疑。我確實急於強調我演講的基本思想的主要特點。原因之一是，聽眾肯定會自己發現它。但我選擇這個演講題目的另一個原因是，我認為，在教育實踐中，人們在對待這個明確無疑的原理時，並沒有對學生們的心理給予應有的注意。

幼兒期教育的任務

　　首先我對某些原則的恰當性提出異議，而學習科目的難易順序往往就是根據這些原則劃分的。我這樣說是想表

明，只有清楚地說明這些原則，它們的正確性才能為人們所接受。先考慮一下科目難易的標準。認為較容易的科目應該在較難的科目之前學習，這種觀點並不對。相反，有些最難學的東西必須先學，因為人的先天秉性規定如此，也因為這些本領對生活來說是非常重要的。嬰兒呱呱墜地，他面對的第一個需要用智力解決的問題是掌握口語。要把意思和聲音聯繫起來，這是多麼艱難的任務！這需要對概念和聲音做出分析。我們都知道嬰兒做到了，而嬰兒這種奇跡般的成功是可以解釋的。所有的奇跡都是如此，然而對智者來說它們仍然是奇跡。我所要求的不過是，面對這樣的例子，我們再不要說把較難的科目放在後面學這類蠢話了。

嬰兒掌握口語之後再學什麼？學習掌握書面語，也就是說，要把聲音和字形聯繫在一起。天哪，我們的教育家們瘋了嗎？他們在讓這些牙牙學語的 6 歲兒童去完成一個聖賢哲人努力一生仍會感到氣餒的任務。同樣，數學中最難的部分是代數原理，可是代數卻必須安排在比較容易的微分學之前。

我不準備進一步詳細闡述我的論點，我只是重複一遍，在複雜的教育實踐中，把難點放在後面並不是解決問題的可靠線索。

有關科目順序的可供選擇的原則是：必要優先原則。顯然，在這個問題上我們有更可靠的依據。只有當你具備

閱讀能力後你才能讀《哈姆雷特》[1]；學習分數或小數之前你必須先學習整數。然而，如果仔細看看，即使這個確定的原則也會失去效力。這個原則肯定是對的，但是只有當你給一門學習科目的概念確定一種人為的限制時這個原則才對。這個原則的危險在於，它在一種意義上被接受，從這個意義上來說它幾乎是一個不容懷疑的真理；而它卻在另一種意義上被應用，就這個意義來說，這個原則是錯誤的。你沒有具備閱讀能力時不能讀荷馬[2]的史詩；然而，許多孩子聆聽母親講述的故事，許多成年人在過去的年代裏借助吟遊詩人的詩歌，閱讀《奧德賽》的故事，在充滿傳奇色彩的大海上遨遊。那些有組織才能的愚鈍的人，不加鑒別地應用某些科目必優先其他科目的原則，已經在教育中製造了乾涸的撒哈拉沙漠。

智力發展的各個階段

我之所以用教育的節奏作為本次講演的題目，是因為還要批判流行的思想。人們常常認為，學生的進步是一種均勻不變的、持續穩定的進展，並不因為類型或速率的改變而有所不同。例如，人們設想一個男孩10歲開始學習

1　《哈姆雷特》(*Hamlet*) 是英國劇作家和詩人莎士比亞的悲劇作品。

2　荷馬 (Homer)，傳說中的古希臘吟遊詩人，活動時期為公元前9世紀或前8世紀，著有史詩《伊利亞特》和《奧德賽》。

拉丁語，按照一種一貫不變的發展，到 18 歲或 20 歲時他便穩步發展成為一個古典文學的學者。我認為，這種教育觀念是建立在一種對智力發展過程的錯誤的心理認識上，這種心理認識嚴重地妨礙了我們教育方法的有效性。生命本質上是週期性的。它包括日的週期，如工作和娛樂的交替，活動和睡眠的交替；季節的週期，它規定了學校的學期和假期；此外，還包括四季分明的年的週期。這是任何人都不能忽視的十分明顯的週期。生命中還有一些更微妙的涉及智力發展的週期，它們循環重複出現，但是每個循環期總是各不相同，儘管每個循環期中都會再次出現從屬的階段。所以我選用了「有節奏的」這個詞，它的基本意思是，在一個重複的結構中不同階段的傳送。忽視智力發展的這種節奏和特點是導致教育死板無效的一個主要原因。我認為黑格爾[3] 把發展分成三個階段是正確的，他稱這三個階段為命題、反題與綜合。不過，將黑格爾的這一概念應用於教育理論時，我認為他的這些術語不能很恰當地引起人們的聯想。說到智力的發展，我要用浪漫階段、精確階段和綜合運用階段來描述這一過程。

3　格奧爾格‧威廉‧弗里德里希‧黑格爾 (Georg Wilhelm Friedrich Hegel，1770 — 1831)，德國偉大的古典唯心主義哲學家，在客觀唯心主義基礎上提出系統的辯證法理論，著有《精神現象學》、《邏輯學》、《哲學全書網要》等。

浪漫階段

浪漫階段是開始領悟的階段。人們所討論的題目具有新奇的活力；它自身包含未經探索的因果邏輯關係，也以豐富的內容為探索者提供了若隱若現的機會。在這個階段，知識不受系統的程序支配。這種系統是為特定目的逐漸建立起來的。這時我們處於直接認識事實的階段，只是偶爾對事實做系統的分析。從接觸單純的事實，到開始認識事實間未經探索的關係的重要意義，這種轉變會引起某種興奮，而浪漫的情感本質上就屬於這樣一種興奮。譬如，克魯索[4]僅僅是一個男人，沙土不過是沙土而已，腳印不過是腳印，島嶼就是島嶼，歐洲是人類忙碌的世界。然而，當你突然認識到與克魯索、與沙土、與腳印、與和歐洲隔絕的荒島有關的隱約可見的種種可能性時，你就會產生浪漫的遐想。我在說明這點時不得不用一個極端的例子，以便使我的意思明確無誤。但是，我把它看作是代表發展循環期中的第一個階段的象徵。從本質上說，教育必須是將已存在於大腦中的活躍而紛亂的思想進行有序的排列：你不能教一個空洞的頭腦。當我們構想教育時，往往容易將它局限於循環期的第二階段，即精確階段。但我們對教育做這種限制時必然會對整個教育問題產生錯誤的想

4　克魯索（Crusoe），英國小說家丹尼爾・笛福筆下的人物，《魯濱遜漂流記》中的主人翁。

法。我們應對大腦最初具有的活躍紛亂的思想、對掌握精確的知識以及對隨後取得的成果都給予同樣的關注。

精確階段

精確階段也代表一種知識的增加和補充。在這個階段，知識的廣泛的關係居於次要地位，從屬於系統闡述的精確性。這是文法規則的階段，所謂文法，是指語言的文法和科學的基本原理。在這個發展階段，要使學生一點一點地接受一種特定的分析事實的方法。新的事實不斷增加，但這是一些適合於分析的事實。

顯然，如果沒有前面所說的浪漫階段，精確階段是無結果的：如果對事實的一般規律缺乏模糊的理解，前面的分析就是一種毫無意義的分析。它不過是一系列關於單純事實的無意義的陳述，是人為製造出來的，沒有任何更多的意義。我要重複一遍，在這個階段，我們並不只是停留在浪漫階段產生的種種事實的範圍裏。浪漫階段的事實揭示了可能具有廣泛意義的種種概念，而在精確階段，我們按照有條理的順序獲得其他事實，從而對浪漫階段的一般內容做出揭示和分析。

綜合運用階段

最後的綜合運用階段相當於黑格爾的綜合。這是補充了分類概念和有關的技能後重又回歸浪漫。這是結果，

是精確性訓練始終追尋的目標。這是最後的成功。我擔心我對明顯的概念做出了一種枯燥無味的分析。我必須這麼做，因為在下面的評論中，我預先假定我們對由三個階段組成的循環期的基本特點已有清晰的概念。

循環的過程

教育應該是這樣一種不斷重複的循環週期。每一節課應該以其自身的方式構成一種渦式的循環，引導出它的下一個過程。而較長的時間則應該得出明確的結果，以形成新循環週期的起點。我們應該擯棄這種觀念：為教育確定一種不現實的遙遠的目標。如果教師在滿足學生有節奏的渴望方面恰到好處地起激勵作用，學生一定會不斷地為某種成就而欣喜，不斷地重新開始。

一個兒童最初的浪漫體驗，是他認識到自己能夠理解客體並領會客體間的邏輯關係。兒童智力發育的外在表現是，他注意自己的感覺與身體活動之間的協調。他的第一個精確階段是掌握口語，並以口語為工具對他所觀察研究的客體進行分類，加強對他與其他夥伴間感情關係的理解；他的第一個綜合運用階段是用語言去描述已分類的，並擴大了的對客體的欣賞。

智力發展的這種第一次循環，即從獲得知覺到掌握語言，從掌握語言到獲得分類思維能力和更敏銳的知覺，還需要進行更細緻的研究。這是我們可以按其純粹的自然狀

態進行觀察的唯一的發展循環期。以後的循環期必然會受到目前的教育方式的影響而有所改變。很遺憾，最初的這次循環中的一個特點在隨後的教育中不復存在了；我的意思是它已獲得完全的成功。這個循環期結束時，兒童學會了說話，他頭腦中的概念已進行了分類，他的知覺也變得敏銳了。這個循環達到了目的，它遠遠超過了大部分學生在大多數教育制度中所能取得的成績。但為什麼會如此？毫無疑問，當我們想到一個新生嬰兒要面對的那種艱巨的任務時，會覺得他在智力發展方面似乎是毫無希望的。我想，這是因為嬰兒周圍自然的環境為他佈置了一項正常發育的大腦完全適應的任務。我不認為一個兒童學會說話從而進行更好的思維這個事實有什麼特別神祕的地方；但這確實為我們的思考提供了資料。

在隨後的教育中我們還沒有探索循環週期過程，這些循環過程在有限的時間內自然發展，在自身限定的範圍內取得完全的成功。這種成功是嬰兒自然循環週期中的一個顯著特點。然後，我們讓兒童在 10 歲時開始學習某種科目，比如拉丁語，希望他通過統一的正規訓練後，在 20 歲時取得成就。結果自然是失敗，不僅表現在孩子對拉丁語的興趣方面，而且在他的學習成績方面也是如此。我這裏用「失敗」這個詞，是將這個結果與第一個自然循環週期中的巨大成功相比較。但我並不認為這種失敗是因為這些任務本身太困難，因為我知道嬰兒階段的循環週期才是最

難的。失敗的原因在於，這些任務是以一種非自然的方式指派給他們的，沒有節奏，沒有中間階段成功所帶來的刺激，也沒有專注集中。

我還沒有談專注集中這個特點，而專注集中是與嬰兒的發展明顯地聯繫在一起的。嬰兒的全身心都專注於他的循環週期中的訓練，沒有其他東西能夠轉移他的智力發展。在這方面，這個自然循環週期與隨後學生階段的發展之間存在着明顯的差別。很顯然，生活是多姿多彩的，因而人們的精神和智力自然也會多方面地發展，以便使他們適應於他們注定要生活於其中的五彩繽紛的世界。儘管如此，考慮到了這個事實，我們為隨後的每個循環期保留一定的專注是明智的。我們尤其應該在循環期的同一階段中避免各種不同科目間的競爭。舊教育的弊病在於對單一的無明顯特徵的科目給予無節奏的專注。我們今天的教育體制強調一種初級的普通教育，允許把知識分解到不同的科目中去，這同樣是沒有節奏的積累那些分散注意力的零碎知識。我呼籲，我們應把對學生直觀理解來說各有其內在價值的不同的教學內容，調整到各個從屬的循環週期中，通過這樣的努力，使學生在大腦中形成一幅和諧的圖案。我們必須在約定的季節收穫莊稼。

青春期的浪漫

現在，讓我們來看看我在前面的講演中所論述的概念

的一些具體應用。

最初的兒童循環週期之後緊接着是青少年循環週期，這個週期以我們經歷過的最不尋常的浪漫階段開始。兒童的性格特點正是在這個階段形成的。一個兒童在青少年浪漫期所形成的特點，將決定理想和想像如何塑造和豐富他未來的生活。緊接着是伴隨掌握口語和閱讀能力而獲得的綜合運用能力。兒童循環週期的綜合運用階段比較短，因為兒童時期的浪漫素材很少。就「知識」這個詞所包含的任何意義來說，嬰兒關於世界的最初的知識確實是在第一個循環週期完成後才開始的，這樣就導引出不尋常的浪漫階段。各種概念、事實、關係、故事、歷史、可能性、藝術性，它們以詞語、聲音、形狀和色彩的形式湧入兒童的生活，喚起他們的感情，激起他們的鑒賞力，驅使他們做類似的活動。但令人悲哀的是，兒童時代的金色年華卻常常籠罩在為應付考試而進行的填鴨式教學的陰影裏。我說的是兒童時代中大約四年的時間，一般是在約 8 歲到 12 或 13 歲之間的這段時間。這是兒童利用母語，利用他已掌握的觀察能力，學會應付周圍環境的第一個重要階段。嬰兒不能應付身邊的環境，但兒童能；嬰兒不會觀察，但兒童已學會觀察；嬰兒不會通過記憶話語來保留思想活動，但兒童已具備這種能力。兒童因此而進入了一個嶄新的世界。

當然，精確階段通過在較小的週期裏重複出現而使自身延長，這些小週期在重要的浪漫階段形成渦流。提高書

寫、拼寫和計算能力，以及掌握一連串簡單的事實，比如英國的歷代國王，這些都屬於精確的內容，對於訓練兒童專注集中和作為有用的成績都是十分必要的。然而，這些內容在性質上基本是不完整的；相反，重要的浪漫階段的內容像洪水一樣湧向兒童，將他推向精神世界的生活。

蒙台梭利教育法[5]的成功之處在於，它承認浪漫在智力發展的這個階段所佔的主導地位。如果這種解釋成立的話，它也同樣指出了該教育方法實用價值的局限性。這種教育方法在一定程度上對所有的浪漫階段都是必不可少的。它的精髓是在知識王國裏漫遊和激發充滿活力的創新，但是它缺乏精確階段所必要的約束。

語言的掌握

當兒童的智力發展接近浪漫階段的尾聲時，這種週期性的發展過程使他開始注重培養學習準確知識的能力。這時，語言自然成為他專注的主要內容。這是他非常熟悉的表達方式。他了解反映其他文明和其他民族的生活的各種故事、歷史傳說和詩歌。因此，從 11 歲開始，兒童需要逐漸越來越專注於精確的語言知識。最後，從 12 歲到 15 歲

5　蒙台梭利教育法，由意大利女教育家蒙台梭利（1870—1952）創立的教育體系，認為兒童具有創造潛力和個人主動精神，強調教育應使兒童的這種潛能得到自由的發展。

的這三年時間應該主要用在語言上，這樣計劃便可以取得一個明顯的結果，就其本身來說，這個結果是值得的。我想，在這段時間裏，如果適當集中地利用時間，那麼這段時間結束時，我們可以指望兒童已經掌握了英語，能夠流利地閱讀比較簡單的法語文章，而且完成了拉丁語基礎階段的學習，我是指比較簡單的拉丁語語法的準確知識、拉丁語句子結構的知識，以及閱讀拉丁語作家的一些內容合適的作品片段，這些片段也許經過簡寫，常常還附有最優美的譯文。這樣，兒童們閱讀原文，再加上譯文，就能夠將原書作為一個完整的文學作品來理解把握。我想，智力一般的兒童在學習英語、法語和拉丁語這三種語言時，很容易達到這種水平，只要他不因為學習其他各種要求精確性的科目而分散注意力。一些天賦更高的孩子會取得更好的成績。拉丁語對這些孩子來說並不難，所以他們在這個階段結束之前就可能開始學習希臘語，假如他們的興趣是在文學方面，而且他們打算至少在未來的幾年裏還要繼續學習希臘語的話。其他科目在這個時間表中佔一個次要位置，因此我們將以一種不同的態度來對待它們。首先，必須記住，那些半文學性的科目，譬如歷史，將融於語言學習中。如果不教學生一些關於歐洲歷史的知識，他們幾乎不可能閱讀英國文學、法國文學和拉丁文學。我的意思並不是要放棄所有專門的歷史教學。不過，我確實要建議，歷史課應該用我前面所說的浪漫態度來處理，學生也不應

該參加那種需要大量系統化地準確記憶細節的考試。

在智力發展的這個時期，科學應處於浪漫階段中。學生們應該以不連續的精確思維活動獨立觀察，獨立進行實驗。不論是對理論的興趣還是為技術目的，科學的重要性的實質在於將科學應用於具體的事物，而每一次這樣的應用都會引出一個新的研究題目。因此，科學方面的一切訓練都應該以研究開始，以研究結束，自始至終都應該把握自然中出現的主題。適合這個年齡的正確的指導形式，以及實驗的準確的限度，都是取決於經驗的問題。但我認為，這個發展時期對於科學的浪漫時期來說是理想的年齡。

專注於科學

當孩子快到 15 歲時，語言上的精確時期和科學上的浪漫時期都接近尾聲，繼之而來的是語言上的綜合運用時期和科學上的精確時期。這應該是一個短暫的時期，但卻至關重要。我考慮的這個時期大約為一年，我的意思是，應該明確地改變先前課程中的那種平衡。這時的學習應該集中於科學，大大減少語言學習方面的課程。緊接着前面浪漫階段的學習，用一年時間側重於科學，應該使每一個學生了解定力學、物理學、化學、代數學和幾何學諸學科發展的各種主要的原理；使他們明白，他們不是開始學習這些科目，而是通過真正系統闡述這些學科的主要概念，來把以前分科學習的東西融合在一起。譬如，以代數學和

幾何學為例，我選擇這兩科是因為我對它們多少有些熟悉。在前三年裏，學生已經學習了將最簡單的代數公式和幾何命題應用於解決測量問題，或其他涉及計算的科學工作。用這種方法，通過強調用確切的數字表達結果，學生們的算術知識得到了加強，他們也熟悉了用字母表達的公式和幾何命題的概念；通過反覆學習還掌握了一些簡單的使用方法。因此，在熟悉各種科學概念的過程中沒有很多時間可以浪費。學生們準備好學習那些他們應該完全掌握的少量代數學原理和幾何學原理。此外，在前個時期，一些男孩子會表現出數學方面的天資，他們將會繼續有所發展，而且在最後一年裏以犧牲某些其他科目為代價側重數學學習。這裏我只是以數學為例來加以說明。

與此同時，語言學習的循環週期處於綜合運用階段。在這個階段，語法和作文方面的嚴格細緻的學習終止了。這時，語言學習限於閱讀文學作品，着重於作品的思想和一般的歷史背景。分配給歷史課的時間也將用來細心研究一段比較短的特定的時期，選擇這一特定的時期，是為了確切說明在某一重要時代確實發生的事情，也是為了表明如何對一些歷史人物和政策做出簡單的判斷。

至此，我大體上勾畫出了從嬰兒階段到大約 16 歲半這段時間教育發展的過程，着重於生命充滿活力的有節奏的躍動。普通教育以這樣的方式進行是可行的，學生自始至終具備這樣的有利條件，即他專注集中，而且充滿活

力。因此，精確性總是說明已經理解而又迫切需要處理的主題。每個學生將會依次把精力集中專注於各個不同的科目，而且會知道自己擅長哪一門科目。最後——這是我最珍視的目標——理科學生將既得到非常寶貴的文學教育，同時在他們可塑性最強的年齡階段，初步養成在科學領域裏獨立思考的習慣。

在 16 歲之後，新的問題出現了。對文科學生來說，科學知識的學習這時進入了綜合運用階段，主要是以講座的形式闡述科學的主要成果和一般概念。語言、文學、歷史諸科目學習的新週期開始了。但更多的細節這時已不再必要。對於學習科學的人來說，前面所說的精確階段要繼續到中學課程學習結束，學生在更廣闊的範圍裏加深對一般概念的理解。

然而，教育的這個階段所存在的問題太個體化了，或者說，至少可以分解成太多的個案，以至於不可能有普遍通用的解決辦法。不過，我仍然建議所有的科學家們現在應該繼續學習而不要荒廢他們的法語；假如他們還沒有掌握德語的話，那麼就開始學習德語。

大學教育

如果你們還有耐心繼續聽我的講演的話，我現在願意談談與大學教育有關的那些思想觀念的重要意義。

從嬰兒到成年的整個發展時期形成了一個大循環週

期。在這個循環期裏，浪漫階段覆蓋了兒童生活最初的12年，精確階段包含青少年在中等學校接受教育的整個時期，而綜合運用階段則是青年邁向成人的階段。對於那些完成義務教育後繼續接受正規教育的人來說，大學課程或相當於大學水平的課程屬於很重要的綜合運用時期。在大學教育中，綜合運用精神應佔主導地位。大學的課堂應該面向那些對細節和過程都已熟悉的人；換句話說，所謂熟悉，至少是指他們先前進行過的訓練非常適合這些細節和過程，因此很容易掌握它們。在中學階段，從智力培養方面來說，學生們一直伏案專心於自己的課業；而在大學裏，他們應該站立起來並環顧周圍。正因為此，如果大學的第一年仍然耗費在用舊的態度重溫舊的功課，那是致命的錯誤。在中學裏，學生通過艱苦的努力，從特殊具體的事實到初步了解一般的概念；而在大學，他們應該從一般概念開始，進而研究如何將這些概念應用於具體的場合。一種設計得很好的大學課程是對普遍規律進行的廣泛研究。我並不是說這種研究是脫離具體事實的抽象研究，我的意思是，應該對具體的事實進行研究，讓它們說明一般的概念。

智力的培養

智力培養是大學教育中的一個方面，在這裏，理論興趣和實際功用相一致。不管你向學生灌輸的是什麼細節，

他在以後的生活中遇到這種細節的機會是很小的；如果他確實遇到這種細節，那時他也許已忘記了你曾教他的有關此事的情況。真正有價值的教育是使學生透徹理解一些普遍的原理，這些原理適用於各種不同的具體事例。在隨後的實踐中，這些成人將會忘記你教他們的那些特殊的細節；但他們潛意識中的判斷力會使他們想起如何將這些原理應用於當時具體的情況。直到你擺脫了教科書，燒掉了你的聽課筆記，忘記了你為考試而背熟的細節，這時，你學到的知識才有價值。你時刻需要的那些細節知識將會像明亮的日月一樣長久保留在你的記憶中；而你偶然需要的知識則可以在任何一種參考書中查到。大學的作用是使你擺脫細節去掌握原理。當我提到原理時，我甚至沒有想到用文字闡述的原理。完全滲透你身心的原理與其說是一種正式規範的陳述，不如說是一種智力活動的習慣。這種智力習慣成了大腦對適當刺激的反應方式，刺激表現為具體的情況和事實。沒有人在做一件事的時候，他掌握的知識會清晰自動地出現在腦海裏。智力培養不過是人在行動時大腦以一種令人滿意的方式進行運轉。學習常常被說成是這樣一種事情：就好像我們在注意看着我們讀過的所有書籍的翻開的書頁，然後，當機會出現時，我們選取正確的那一頁，大聲地向世人朗讀。

幸運的是，實際情況與上述不成熟的想法並不矛盾。因此，追求純理論知識和獲得專業知識之間的對立，遠沒

有我們用一種錯誤的教育觀點看這個問題時那樣嚴重。我可以用另外的方式來闡述我的論點，即一所大學的理想與其說是知識，不如說是力量；大學的目標是把一個孩子的知識轉變為成人的力量。

智力發展的節奏特點

我以下述兩點結束我的講演，我希望用向你們提出告誡的方式提出這兩點，以說明我的意思。本次講演的要點是智力發展的節奏特點。人類內心的精神生活宛如一張由千絲萬縷的線織成的網絡。縷縷網線並非都以相同的延伸長度連接到一起。我曾考察在比較順利的環境裏中等資質的兒童各種能力的正常發展，以此來說明這點。也許我誤解了這種平常的現象。因為事實複雜而難於辨認，我的這種誤解是完全可能的。但是，不要讓這方面的任何失敗使你們對我要強調的主要論點產生偏見。我的主要論點是，智力的發展表現為一種節奏，這種節奏包含一種交織在一起的若干循環週期，而整個過程作為發展中的小旋渦，又受一個具有相同特點的更重要的循環週期的控制。此外，這種節奏顯示出某些可確定的普遍規律，這些規律對大部分學生來說都是合理的。我們應當改進教育質量，使教育適應學生在這個發展節奏中已經達到的階段。課程問題不完全是一系列的科目；因為所有的科目基本上都應該在智力發育的啟蒙時期開始。真正重要的順序，是教育應該採

用的涉及質量的順序。

我要告誡你們的第二點是，請你們不要誇大一個循環週期中三個階段之間的明顯差別。我想，你們中的很多人在聽我詳細論述每個週期中的三個階段時一定會這樣想：數學家多麼喜歡做這種正式的分類啊！我可以肯定地告訴你們，不是數學，而是文學上的無能，可能使我犯過我此刻告誡你們須避免的那種錯誤。當然，我是指各階段的側重不同，主要特質不同——浪漫，精確，綜合運用，自始至終存在着。但是，佔主導地位的階段交替出現，正是這種交替構成了各個循環週期。

3／自由與紀律的節奏

理想的逐漸消失可悲地證明了人類的努力遭受了挫折。在古代的學園中，哲學家們渴望傳授智慧，而在今天的大學裏，我們卑微的目的卻是教授各種科目。從古人嚮往追求神聖的智慧，降低到現代人獲得各個科目的書本知識，這標誌着在漫長的時間裏教育的失敗。我並不堅持認為，在教育實踐中古人比我們更成功。你只需去讀一讀盧奇安[1]的作品，注意他筆下對各派哲學家的自命不凡的主張所進行的戲劇化的諷刺，你就會明白，古代的聖人們並不能誇耀在教育方面比我們高明。我只是想說明，當歐洲文明的曙光初露時，人類最初是懷着種種完美的理想的，這些理想本該促進教育；但漸漸地，我們的理想為了與實踐保持一致而變得淡漠了。

當理想降低到實踐的水平時，其結果便是停滯不前。特別是當我們把智力教育看作僅僅是為了獲得機械呆板的大腦能力，看作僅僅在於對有用的原理作系統的敍述，那麼就不可能有任何進步，儘管在對課程大綱無目的的重新安排中，在迴避那不可避免的時間短缺的徒勞的努力中，

1　盧奇安 (Lucian，約 120 — 180 後)，古希臘修辭學家和諷刺作家，其作品富於機智和嘲諷，對當時哲學、文學和知識界生活等方面的虛妄、欺騙性和愚昧現象多有深刻的批判。

將會進行許多活動。我們必須接受這樣一個無法迴避的事實：上帝創造了這樣一個世界，其中眾多的知識主題絕非一個人所能夠掌握。羅列每個人都應該掌握的各種科目，用這種方法來對待這個問題是毫無希望的。知識的科目太多了，每一個科目都有其存在的充分證明。也許這種知識材料的過剩對我們來說是一種幸運，因為對重要原理處於一種愉快的無知狀態，使世界變得有趣了。我非常希望你們銘記於心的是，雖然智力教育的一個主要目的是傳授知識，但智力教育還有另一個要素，比較模糊卻更加偉大，因而也具有更重要的意義：古人稱之為「智慧」。你不掌握某些基本知識就不可能聰明；但你可以很容易地獲得知識卻仍然沒有智慧。

智慧是掌握知識的方式。它涉及知識的處理，確定有關問題時知識的選擇，以及運用知識使我們的直覺經驗更有價值。這種對知識的掌握便是智慧，是可以獲得的最本質的自由。古人清楚地認識到 —— 比我們更清楚地認識到 —— 智慧高於知識的必要性。但是很遺憾，他們在教育實踐領域中追求智慧時卻犯了錯誤。簡單地說，他們的教育實踐假定，請來哲學家對青年人滔滔不絕地講演就可以向他們傳授智慧。所以，那個時代的學園裏出現了一大批靠不住的哲學家。通往智慧的唯一的道路是在知識面前享有自由，但通往知識的唯一途徑是在獲取有條理的事實時保持紀律。自由和紀律是教育的兩個要素，所以我今天講

演的題目便是「自由與紀律的節奏」。

　　教育中自由與紀律的對立，並不像我們對這兩個詞的意思進行邏輯分析時所看到的那麼明顯。兒童的大腦是一個不斷發育的有機體。一方面，它並不是一個要被人無情地塞滿各種陌生思想的匣子；另一方面，用有序的方式掌握的知識，對正在發育的大腦來說則是天然的食品。因此，一種設計完美的教育，其目的應該是使紀律成為自由選擇的自發的結果，而自由則應該因為紀律而得到豐富的機會。自由和紀律這兩個原則並不對立，在兒童的生活中應該對它們進行這樣的調節，使之適應個性發展的自然變化。我在其他場合所說的教育的節奏，正是指調節自由與紀律以適應兒童個性的自然發展。我確信，過去許多令人沮喪的失敗都是由於忽略了這種節奏的重要意義。我的主要觀點是，教育的開始階段和結束階段的主要特徵是自由，但是有一個紀律佔主導地位的中間階段，這時自由從屬於紀律。此外，我還認為，並沒有一個唯一的由自由－紀律－自由構成的三重循環，而是整個智力發展是由多個這樣的三重循環階段交替構成。每個這樣的循環是一個單獨的細胞，或者可看作是一塊磚；智力發展的整個過程是由眾多這種細胞構成的有機體組織。在分析任何一個這樣的細胞時，我稱第一個自由階段為「浪漫階段」，稱中間的紀律階段為「精確階段」，稱最後的自由階段為「綜合運用階段」。

現在，讓我來詳細說明我的觀點。智力發展離不開興趣。興趣是專注和穎悟的先決條件。你可以用教鞭來極力引起興趣，或者通過愉快的活動激發興趣，但沒有興趣就不會有進步。快樂是刺激生命有機體合適的自我發展的自然方式。嬰兒對母親和乳母的愛使嬰兒去適應周圍的環境；我們吃飯是因為我們喜愛美味的菜餚；我們征服大自然，是因為我們受一種永不滿足的好奇心的驅使去探索奧祕；我們喜歡運動鍛煉；我們欣賞仇恨危險的敵人時所懷有的那種非基督徒的激情。毫無疑問，痛苦是促使有機體行動的一種次要的方式，但這只是在缺乏歡樂之後才發生；快樂是以正常健康的方式刺激生命力。我並不是說我們可以安然無事地沉溺於當前娛樂的誘惑中，我的意思是，我們應該尋找那種符合自然發展規律的模式，而它本身又是令人愉快的。居於次要地位的嚴格紀律必須以保證某種長遠的利益為目的；儘管合適的目標不能過低，如果要保持必要的興趣的話。

我想說的第二點是，空泛無益的知識是微不足道的，實際上是有害的。知識的重要意義在於它的應用，在於人們對它的積極的掌握，即存在於智慧之中。人們習慣上認為，知識本身——而不是和智慧一起——會使知識的擁有者享有一種特殊的尊貴。我對這種知識卻缺乏敬意。知識的價值完全取決於誰掌握知識以及他用知識做什麼。使品格偉大崇高的知識是這樣一種知識，它改變每一方面的

直覺經驗。正是對知識的這種活動性而言，在教育中過分強調紀律是十分有害的，那種生動活躍的思維習慣只能在恰當的自由氛圍中產生。不加區別的紀律使大腦變得麻木不仁，因而無法達到實行紀律的目的。如果你經常接觸從中學和大學畢業的年輕人，你很快會注意到那種頭腦遲鈍的人，他們所受的教育便是掌握死板的知識。此外，英國社會在學術方面可悲的風氣也是我們教育失敗的一個標誌。而且這種急於傳授單純的知識的做法只會適得其反。人的大腦拒絕接受以這種方式傳授的知識。青年人天生渴望發展和活動，如果用一種枯燥的方式將受紀律束縛的知識強加給他們，會使他們感到厭惡。當實行紀律時，紀律應該滿足對智慧的一種自然渴望，因為智慧可以使單純的經驗具有價值。

現在我們來更仔細地考察人類智力的這種自然渴望的節奏。人的大腦在一個新環境裏發展的第一步程序，是在眾多雜亂的概念和經驗中進行某種推論活動。這是一個發現的過程，一個逐漸習慣於奇特想法的過程，想出問題並尋找答案的過程，設計新體驗的過程，注意新的探險活動會引起什麼結果的過程。這個普通的過程既自然又十分有趣。我們一定常常注意到 8 歲至 13 歲的孩子專注於這個令人激動的過程中。在這裏，奇妙支配一切，破壞奇妙的人應該受到詛咒。毫無疑問，這個發展階段需要幫助，甚至需要紀律，必須細心選擇大腦活動的環境。當然，選擇的

環境必須適合孩子的成長階段，必須適應個人的需要。從某種意義上說，這是一種過分的要求；但從更深一層意義上說，這符合兒童內心生活的需求。在教師的觀念裏，兒童是被送到望遠鏡前去看星星；但是，在那個兒童看來，他得到了機會可以自由地去觀察那一片燦爛的星空。假如對強加給兒童的這種習慣做法不進行改變，即使是最愚笨的孩子，他的天性也會拒絕吸收外界陌生的知識材料。必須記住，教育絕不是往行李箱裏裝物品的過程，這種比喻完全不適用。當然，教育是一種完全具有自身特點的過程。與這種過程最相似的是生物有機體吸收食物的過程：我們都知道，在適當的條件下，可口的食物對於健康是多麼必要。當你把靴子放入行李箱後，它們會一直留在那裏直到你把它們取出來為止；但是你若給一個孩子餵了不合適的食物，情況就完全不同了。

這個最初的浪漫階段需要另一種方式的引導。畢竟，兒童是悠悠歲月文明的繼承者，讓他在冰河時代人類知識的迷宮裏遊蕩是荒誕的。因此，適當地指出重要的事實，指出簡化的概念，指出普通常見的名稱，確實會加強學生固有的動力。在任何階段的教育中，你都不能沒有紀律，或沒有自由；但是在浪漫階段，必須永遠側重於自由，讓兒童獨自去領會，獨自去行動。我的觀點是，對正在成長的兒童來說，浪漫階段的自然發展尚未結束時就對精確性進行訓導，必然會妨礙他對概念的吸收。除了浪漫以外，

沒有領悟。我堅持認為，以往的教育之所以如此的失敗，就是因為沒有對浪漫應有的地位進行認真的研究。沒有浪漫的冒險，至多你只能得到缺乏創新的死板的知識，而最壞的情況則是你輕視概念——根本無知識可言。

但是，當我們對這個浪漫階段進行了適當的引導後，就會出現另一種渴望。兒童缺乏經驗的新鮮感已逐漸消失；他們具有以客觀事實和理論為基礎的一般知識；而最重要的是，他們已經能夠在直接經驗中進行獨立的漫遊，包括思想和行動方面的探險。這時，精確的知識所給予的啟發已能夠為他們所理解。它符合對常識的明顯要求，涉及熟悉的知識材料。這時便可以繼續向前發展，準確地理解某一科目，記住它的顯著特點。這就是精確階段。無論是中學還是大學，在傳統的教育計劃中，精確階段都是唯一的學習階段。在這個階段，你必須學習你的課程，對教育這個題目不必多說。如此不適當地延長這個十分必要的發展階段，其結果是培養了大量的書呆子，只有少數學生，他們天生的興趣和愛好沒有被毗濕奴的車輪碾碎[2]。確實，人們總是想教給學生多一點兒事實和準確的理論，超過他們在那個成長階段所能吸收的範圍。如果他們真的能

2　毗濕奴化身之一（或指神車）（Juggernaut）為婆羅門教和印度教三大神之一。相傳每年宗教節慶時信徒用巨車載其神像遊行，多有善男信女自願投身死於車輪之下。

夠吸收，那就會很有用了。我們——我說的是中小學校長和大學教師們——往往容易忘記，在成年男子的教育中，我們只起次要的作用；忘記了我們的學生在他們自己愉快的時光裏，在他們以後的生活中，他們將要獨立學習。成長不能超越特定的很小的範圍。但是，一個不熟練的開業醫師會很容易地損害一個敏感的有機體。儘管已經告誡了一切，但還是會發生這樣的事情：匆匆向前，去了解基本細節和主要的準確的推論，以及不費力地熟練掌握技巧。不能迴避這個事實：東西已經都有了，你若想在現代世界裏發揮作用，就必須充分掌握最好的實踐方法。寫詩你必須學習詩歌的格律；建造橋樑你必須熟悉材料強度。即使是希伯來人的先知還學習了寫作，或許當時寫作需要人們付出巨大的努力。天才所具有的那種天生的技藝，用《祈禱書》上的話來說，是天真地創造出來的一件沒有實在意義的東西。

浪漫是精確階段的背景。精確階段受這樣一個無法迴避的事實支配：有正確的方式和錯誤的方式，還有需要知道的確切的真理。但浪漫不是無生命的，它是這樣一種藝術：教人們在專注於指定的工作時如何培養浪漫。浪漫必須加以培養，因為浪漫畢竟是我們要得到的那種和諧的智慧中的一個必要的組成部分。但是還有另一個原因：如果生命有機體的領悟力不能通過浪漫而保持新鮮的活力，它就不能吸收工作的果實。重要之點是，在實踐中找到自由

和紀律之間那種準確的平衡，它能使求知獲得最大的收穫。我不相信有任何抽象的規則可以為所有科目、為各種類型的學生或為每一個學生提供合適的知識；這裏不包括我始終堅持的那種具有節奏性變化的規則，即在發展的早期應注重自由，中期偏後則應強調確實掌握指定學習的知識。我坦率地承認，如果浪漫階段安排得較好，那麼第二個階段的紀律問題就不那麼明顯，那時兒童們就知道如何去完成他們的工作，他們就想把工作做好，對他們所做的各種事情就可以放心。此外，我堅持認為，就紀律本身的重要性而言，唯有自我約束才是紀律，唯有通過享有廣泛的自由才能得到這種紀律。但是 —— 教育中有這麼多微妙之處須要考慮 —— 在生活中必須養成這種習慣：愉快地去完成必須做的工作。如果這些工作符合學生發展階段的自然需要，如果它們能使學生充分發揮自己的能力，如果它們能取得明顯的結果，如果在做的過程中允許適當的自由，那麼就能達到要求。

討論一個出色的教師如何使他的學生保持充滿活力的浪漫，其困難在於，花長時間描述的理論付諸實踐時往往只用很短的時間。維吉爾詩文的優美，可以通過強調文字清晰的發音所產生的悅耳效果來傳達，而不是用冗長的發聲來表達。強調一個數學論證的優美，通過列舉一般原理來闡明複雜的事實，這是最快的過程。教師在這個階段的責任是十分重大的。直言之，除了極少數有天分的教師

外，我認為不可能使全班學生在精確方面充分發展而不或多或少削弱他們的興趣。很遺憾，我們面臨這種兩難的選擇：首創精神和訓練缺一不可，但訓練又往往會扼殺首創精神。

但是，承認這點並不是容忍對減緩這個難題的方法抱一種無知的態度。這不是一種理論上的需要，之所以如此，是因為在處理每個個別的情況時沒有完美的方法。以往採用的方法扼殺了興趣；我們是在討論如何將這種罪惡減少到最小程度。我不過是提出這樣一個忠告：教育是一個難題，不能用一種簡單的公式來解決。

然而，在這方面有一個實際的問題被人們大大地忽略了。浪漫興趣的領域廣泛而不明確，無法用任何清晰的界限來確定，它取決於偶然閃現的悟性；而精確知識的領域，正如在任何普通的教育體系中所要求的那樣，可以而且也應該做出明確的界定。假如你將範圍定得太寬，你會扼殺學生的興趣，使你的目標落空；若將範圍定得過窄，學生將不能有效地掌握知識。確實，在每一種類型的課程中，每門科目所要求掌握的精確知識，都應在經過最審慎的調查後予以確定。然而，目前任何有效的方法似乎都並非如此。例如，那些注定要從事科學工作的孩子們 —— 我對這類學生極感興趣 —— 他們在學習古典文化課時應該掌握多少拉丁語詞彙？他們應該學習哪些語法規則和文法結構？為什麼不一勞永逸地將這些確定下來，然後使每種練

習有助於學生記憶這些詞彙和語法，並了解由它們派生出來的拉丁語、法語和英語詞彙和語法。至於那些在閱讀課文時遇到的其他結構和詞語，可以用最容易的方式提供充分的知識。某種徹底的確定性在教育中是絕對必要的。我肯定，成功的教師有一個祕訣：他在自己的腦子裏清楚地確定了學生必須以精確的方式掌握的東西。因此，他不用勉強讓學生為熟記許多次要的不相關的知識而煩惱。成功的祕訣是速度，速度的祕訣是集中精力全力以赴。但是，就精確的知識而言，祕訣是速度，速度，速度。快速獲取知識，然後應用它。如果你能應用知識，你便能牢牢地掌握它。

我們現在來討論這種有節奏的循環週期中的第三個階段，即綜合運用階段。在這個階段會有一種對浪漫的反動。這時，學生已了解了一些確切的知識，已養成了學習的悟性，已清楚地理解了對一般規則和原理的系統闡述和詳細例證。學生這時想使用他掌握的新武器。他是一個有效的個體，他想產生的是效果。他重新回到浪漫階段那種散漫的探險中，不同的是，此時他的大腦好像是一個訓練有素的團隊，而非烏合之眾。從這個意義上說，教育應該以研究開始，並以研究告終。畢竟，教育從整體上說不過是使受教育者做好準備，去迎戰生活中的各種直接經歷，用有關的思想和恰當的行動去應付每時每刻出現的情況。教育如果不以激發首創精神開始，不以促進這種精神而結

束，那必然是錯誤的教育。因為教育的全部目的就是使人具有活躍的智慧。

我在數所大學任教，對學生們麻木不仁的思維深感驚訝，這種麻木的思維來自於漫無目的地積累死板的精確知識而對它們又不加利用。大學教師的主要目的應該是展示自己真實的特質——即像一個無知的人那樣思考，那樣積極地利用他那一點有限的知識。從某種意義上說，隨着智慧增長，知識將減少：因為知識的細節消失在原理之中。在生活的每一種業餘愛好中，你可以臨時學到那些重要的知識細節；但養成習慣去積極地利用透徹理解的原理才算最終擁有了智慧。精確階段是通過掌握精確的知識細節進而領悟原理的階段；綜合運用階段是擺脫知識細節而積極運用原理的階段，這時細節退回潛意識的習慣中。我們不用在腦子裏清晰地記住二加二等於四，儘管我們曾經不得不牢記它。對於初等算術，我們依賴於以往的習慣。但是，這個階段的本質是，脫離那種被訓練的比較被動的狀態，進入主動應用知識的自由狀態。當然，在這個階段，精確的知識將會增長，而且比過去更活躍地增長，因為大腦已經感受到了確定的力量，並對獲得普通原理和豐富例證做出反應。但是，知識的增長成為一種越來越無意識的過程，就好像是來自於活躍的思想探險中的一次事件。

關於智力發展節奏的三個階段就討論到這裏。一般來說，教育的全過程受這三重節奏的支配。浪漫階段一直延

續到 13 歲或 14 歲，從 14 歲到 18 歲是精確階段，18 歲到 22 歲是綜合運用階段。但這只是一般的類型，大致描繪出整個的發展模式。我認為，沒有一個學生在學習各個科目時是同時完成這三個階段的發展。譬如，我可以說，當語言學習開始進入精確階段，即開始掌握詞彙和語法時，科學學習應該處於完全的浪漫階段。語言學習的浪漫階段始於嬰兒時期的學話階段，因此較早進入精確階段；相比而言，科學學習階段的發展則較為滯後。因此，如果在比較小的年紀被反覆灌輸精確的科學知識，就會扼殺學生的首創精神和求知興趣，使學生不可能理解科學題目的豐富內容。因此，在語言學習的精確階段開始之後，科學學習的浪漫階段還應持續若干年。

在各個階段的發展中，每天、每星期、每個學期都有若干較小的旋渦，它們本身又包含着三重循環。學生大體上理解某個模糊的題目，掌握相關的細節，最後按照相關的知識將整個科目歸納在一起。除非學生不斷地為興趣所激發，不斷獲得技能，不斷為成功而興奮，否則他們永遠不能進步，而且注定會失去信心。總的來說，在過去的 30 年裏，英國的中學一直在向大學輸送失去勇氣和信心的年輕人。這些年輕人就像是打了預防針，不再有任何智慧的火花迸發。大學的教育進一步支持了中學的做法，更加劇了這種失敗。結果，年輕人活躍歡樂的情緒轉向其他題

目，使英國的知識界不願意接受思想。當我們能夠指出我們民族的偉大成就 —— 我希望不是戰爭方面的成就 —— 這種成就又是在學校的教室裏而不是在運動場上贏得的，那時，我們就可以對我們的教育方式感到滿意。

至此，我一直在討論智力發展的教育，我的論點局限在一個很小的範圍裏。畢竟，我們的學生是充滿活力的，你不能像拆拼圖遊戲的七巧板那樣，把他們拆散成分離的小塊。人們在生產一種機械結構時，結構的能量來自外部，它將互不關聯的獨立的部分加在一起。但是，生命有機體的情況卻完全不同，它是靠自我發展的衝動而成長。這種衝動可以受外界激勵和引導，也可能被外界的力量扼殺。儘管你可以激發和引導這種衝動，但智力發展的創造性衝動來自於內部，而且完全為個體所特有。教育便是引導個體去領悟生活的藝術，我所說的生活的藝術，是指人的各種活動的最完美的實現，它表現了充滿生命力的個體在面對環境時所具有的潛力。這種完美的實現涉及一種藝術的鑒賞力，使不可分的個性從較低的水平進入較高的水平。科學、藝術、宗教、道德，它們在對生命結構的各種價值的鑒賞中得到昇華。每一個個體都體現一種生存的探險，生活的藝術便引導這種探險。人類文明的偉大宗教從一開始就反對將道德規範作為一套獨立的禁律向人們反覆灌輸。道德，就這個詞的否定意義來看，它是宗教的死

敵。保羅[3]指責律法，福音書[4]激烈反對法利賽人[5]。每一次宗教暴亂都表現出同樣激烈的對抗 —— 宗教衰微之時對抗也隨之消亡。沒有一種教育比道德教育和宗教教育從關注智力發展的節奏原理中得益更多。不管制訂宗教規則的正確途徑是什麼，堅持提前進入精確階段對宗教來說意味着死亡。宗教的生命力由這種方式得到證明：宗教精神經歷宗教教育的磨難而不死。

　　教育中的宗教問題在我現階段的講演中是一個過於複雜的問題，無法在此進行討論。我提到它是為了避免這種懷疑，即這裏所倡導的原則將要用一種狹隘的意思來表達。我們正在分析處於生命較高級階段的節奏性發展的一般規律，它體現了初始的智力覺醒、智力訓練，以及在較高級階段的成果。我現在堅持認為，發展的本能來自內部：發現是由我們自己做出的，紀律是自我約束，成果是來自於我們自己的首創精神。教師具有一種雙重的作用：他以自己的人格和個性激起學生的熱情，同時創造具

3　保羅（Paul，10？—67？），猶太人，曾參與迫害基督徒，後皈依基督教，成為基督教歷史上傑出的人物。他保留下來的書信是現存最早的基督教文獻。

4　福音書（Gospels），基督教《聖經·新約》中的四卷，包括《馬太福音》、《馬可福音》、《路加福音》和《約翰福音》，記述耶穌基督的生平和受難。

5　法利賽人（the Pharisees），公元前2世紀至公元2世紀猶太教內的一個派別，他們遵守《聖經》中的律法，同時也堅持口傳律法具有約束力，強調維護猶太教的傳統。其神學思想對後世猶太教有影響。據福音書載，耶穌稱法利賽人為偽君子。

有更廣泛的知識和更堅定的目的的環境。他的作用是避免浪費，而浪費在生存的較低級階段是自然的進化方式。根本的動力是對價值的鑒賞，是對重要性的認識，這在科學、道德和宗教中都是一樣的。使個性與超越自我的東西融合，需要各種形式的疑惑、好奇、尊敬或崇拜，以及各種形式的強烈慾望。這種對價值的鑒賞為生活增加了不可思議的勞作；若沒有這種鑒賞，生活將回復到比較低級的消極狀態中。這種力量的最深刻的表現是對美的鑒賞，對已實現的完美事物的審美能力。這就使我提出下面這個問題：在現代教育中，我們是否對藝術的作用給予了充分的重視？

我國公學特有的教育是為富裕而有教養的家庭的男孩子們設計的。他們到意大利、希臘和法國旅行，而且，他們的家就常常處於那種美的環境中。然而，這種情況在如今小學或中學進行的國民教育中已不再繼續，甚至對於我們擴大了的公學體制中的大多數男女學生來說也不復存在了。在精神生活中，你忽視像藝術這樣重要的因素必然會蒙受損失。我們的審美情感使我們對價值具有生動的理解。如果你傷害這種理解，你就會削弱整個精神領悟系統的力量。要求在教育中享有自由，這本身就包含了這樣的必然結果：必須注重健全的個性發展。你絕不能武斷地拒絕這種緊迫的要求。在當今經濟發展的時代，我們常聽到這樣的說法：教育方面的努力是徒勞無益的，可以減少這

種努力。試圖削弱智力發展的做法必然導致巨大的失敗，而我們在全國的學校中正是這樣做的。我們所做的僅僅是激發，而沒有足以使人滿意。歷史向我們表明，藝術的繁榮昌盛是各民族邁向文明之路的首要活動。然而，面對如此明確的事實，我們在實踐中卻使大眾與藝術隔絕。這樣一種喚起強烈願望又使之落空的教育將導致失敗和不滿，難道我們對此還會感到奇怪嗎？這整個過程的愚蠢之處在於，各種簡單而受人喜愛的藝術正是我們無須支出很多就可以給予全體國民的東西。通過一些偉大的改革，你們或許能夠消除比較艱苦而繁重的勞動，或許能夠得到就業的保障。但是你們永遠不能大幅度地提高國民的平均收入，在這方面，理想國那充滿希望的大門對你們是關閉的。然而，我們並不需要付出巨大的努力就能利用我們的學校培養出這樣的國民：他們對音樂有所熱愛，對戲劇能夠欣賞，喜歡美的造型和色彩。我們也能夠在人民的普通生活中提供滿足這些情感的方式。如果你們考慮最簡單的方式，你們將看到，物質資源的緊張情況是微不足道的；而當你們這樣做了，當你們的人民普遍意識到藝術所能給予的一切 ── 種種歡樂與恐怖 ── 你們難道不認為，你們的預言家們、你們的牧師們以及你們的政治家們，當他們對人民宣傳愛上帝，宣傳義不容辭的責任和愛國主義精神的召喚時，他們將處於一種更強有力的地位？

莎士比亞為在美麗的鄉間成長起來的英國人民寫下了

他的劇作，那時，世界從中世紀轉入文藝復興時代，向人們展現出華麗多彩的生活畫卷；在大海的對面，一個嶄新的世界使浪漫精神的召喚充滿生氣。今天，我們面對的是在一個科學時代裏成長起來的聚居在都市裏的人民。我毫不懷疑，假如我們不能用新的方法去迎接新的時代，為我們的人民保留精神生活，那麼，無法實現的渴望遲早會狂暴地發作，那時英國將重蹈俄國的覆轍。歷史學家們將為英國寫下這樣的墓誌銘：英帝國的衰亡是由於她的統治階級精神上缺乏遠見，由於他們那種單調的物質主義，以及他們像法利賽人那樣忠誠於政治家治國的狹隘準則。

4 / 技術教育及其與科學和文學的關係

本次講演的主題是技術教育。我希望考察技術教育的本質及其與文科教育的關係。這種探索有助於我們認識國家技術培訓體制成功運轉所需要的條件。這也是數學教師們熱烈爭論的一個問題，因為大多數技術課程都包括數學。

不管我們在制訂近期可望取得的目標時是多麼謙虛，如果我們在自己的腦子裏設計出我們期望達到的最完美的典型之前就投入這樣的討論，那是不現實的。

人們對完美的理想感到羞怯，因此，我們發現一位現代劇作家[1]通過一個神經錯亂的神父之口描繪了一種人類的理想狀態：「在我的夢中，那是這樣一個國度：國家就是教會，教會就是人民，三位一體；那是一個國家，其中工作就是娛樂，娛樂就是生活，三位一體；那是一座教堂，那裏神父就是拜神者，拜神者就是受敬拜的人，三位一體；那是神，眾生都有人性，所有的人都有神性，三位一體。簡言之，那是一個神經錯亂者的夢。」

在這段話中我所看重的東西體現在那句話裏：「那是一個國家，其中工作就是娛樂，娛樂就是生活。」這是技術教育的理想。當我們用這句話來對照生活中的現實時，它

1　參看蕭伯納的《英國佬的另一個島》(*John Bull's Other Island*)。

聽起來卻是完全不可思議的：現實中我們看到的是芸芸眾生在艱難地勞作，他們疲倦，不滿，精神上冷漠，然後還有那些僱主——我並不是在做社會分析，但我要使你們和我一起承認，社會現實與理想相去甚遠。而且，我們同意，如果一個僱主按「工作應該是娛樂」的原則來經營管理他的車間，不出一個星期他就會破產。

在寓言和現實中，人類遭受的苦難是，只有流汗才能生存。但是，理性和道德的直覺卻在這種苦難中看到了人類前進的基礎。早期本篤會的僧侶們樂於勞作，是因為他們使自己相信，他們這樣做時就與基督同在。

去掉神學的外衣，基本的思想仍然清晰可見：工作應該充滿智慧和道德的想像，因此而克服枯燥乏味和勞累痛苦，成為一種樂趣。我們每個人將按照自己個人的觀點，用一種更具體的形式來重新說明這個抽象的表述。就照你喜歡的方式來說明，只要你在細節中不遺漏要點。不管你怎樣用語言表達這個思想，它仍然是辛勤勞作的人類所懷有的唯一真實的希望；這掌握在技術教師的手中，掌握在那些控制活動範圍的人們手中：應該這樣塑造全體國民，使他們以昔日僧侶們的那種精神去從事他們每日的勞動。

我們的國家目前迫切需要大量有技能的工人、有創造天賦的人才和關注新思想發展的僱主。要實現這個目標只有一個辦法，就是培養喜愛自己工作的工人、科學家和僱主。讓我們按照一般人的常識，用現實的態度來看待這

個問題。一個疲倦而厭煩的工人，不管他有多麼熟練的技能，難道他會生產出大量一流的產品？他會限定自己的生產，對工作敷衍了事，善於逃避檢查；他不容易使自己適應新的方法；他會成為眾人不滿的目標，滿腦子不切實際的所謂新想法，對職業環境的實際工作缺乏體諒理解。在我們可能面臨的不安定的世界裏，如果你特別希望增加野蠻動亂的機會，那就推行廣泛的技術教育，而不要去理會本篤會的理想。那時社會將得到它應該得到的東西。

其次，有創造天賦的人進行充滿活力的工作時，需要愉快的精神活動作為一種條件。「需要乃發明之母」是一句荒謬的諺語；「需要是無用的伎倆的來源」更接近真理。現代發明興起的基礎是科學，而科學幾乎完全來自於使人愉悅的求知活動。

第三種人是僱主，他們應該是有進取心的人。現在應該看到，成功的僱主才是人們要關注的重要人物，他們在世界各地保持着商業關係，是已經富裕的人。毫無疑問，商業永遠處於一種持續不斷的繁榮又衰退的漲落過程中。但是，如果整個商業正經歷着衰退，指望貿易繁榮是愚蠢的。現在，如果這些僱主認為，他們的生意不過是得到其他不相關的生存機會的無關緊要的方式，那麼，他們就缺乏一種激勵來使自己變得機警敏捷。他們已經做得很好了，他們目前的經營就是一種足以使他們繼續下去的動力。他們絕不會為結果尚難預料的新方法而煩惱。他們的

心思在於生活的另一方面。對金錢的慾望產生的是吝嗇而不是進取心。生產者們如果都能夠樂於從事自己的工作，而不像有些人那樣，繼續做厭煩的工作只是為了創辦醫院一類的慈善機構，那麼人類的前途就更有希望了。

最後，只要作為整體的僱主和工人認為他們在從事一種向公眾榨取錢財的卑鄙的工作，那麼，工業就不可能出現和平的前景。應該從廣闊的視野來考慮所做的工作和因此而提供的公共服務，只有這樣才能提供和諧合作的基礎。

這種討論所得出的結論是，對於僱主和工人來說，技術教育 —— 它會滿足國家的實際需要 —— 在所應用的原理和提供的服務方面，作為一種真正的知識啟蒙，必須孕育於一種自由的精神中。在這樣的教育中，幾何與詩歌是和旋轉的車牀一樣重要的。

柏拉圖[2]那神話般的形象代表現代文科教育，正如聖·本尼迪克特[3]的形象代表技術教育一樣。我們不必為自己是否有資格不偏不倚地表述兩位聖者的真實思想而煩惱。他們在這裏不過是作為代表對照觀念的象徵性的人物。我們是根據今天柏拉圖所喚起的那種文化來考察柏拉圖的。

2　柏拉圖 (Plato，公元前 428 或 427 — 前 348 或 347)，古希臘哲學家，與蘇格拉底和亞里士多德共同奠定了西方文化的哲學基礎。

3　聖·本尼迪克特 (St. Benedict，約公元 480 — 約 547)，意大利修道士，西方隱修制度和本篤會的創始人，他制定的隱修規章後來成為全歐洲隱修事業的規範。

從本質上說，柏拉圖式的文科教育是一種培養思維能力和美學鑒賞力的教育。它傳授思想的傑作、充滿想像力的文學傑作和藝術的傑作。它所關照的行動是控制力。它是一種需要悠閒的貴族教育。這種柏拉圖式的理想對歐洲文明做出了不朽的貢獻。它促進了藝術；它培養了那種代表科學之源的無偏見的求知精神；它使精神面對世俗物質力的影響時保持了高貴的尊嚴，那是一種要求思想自由的尊嚴。柏拉圖不像聖·本尼迪克特那樣為自己成為他的奴隸們的同伴而煩惱；但他必然屬於人類的解放者之列。他的那種文化是思想開明的貴族階層的特殊靈感，歐洲便是從這個自由的貴族階級得到了確定它今天所擁有的那種自由的力量。幾百年來，從教皇尼古拉五世[4]到耶穌會會士[5]的書院，從耶穌會會士到近代英國公學的校長們，這種教育理想都得到了神職人員的全力支持。

對某些人來說，這是一種極好的教育。這種教育適合他們的智力發展及他們生活的環境。但對這種教育的要求遠不止於此。人們判斷整個教育是否合適或有缺陷時，要看它與這種教育相似的程度。

這種教育的實質，是向受教育者傳授最優秀的文學的

4　尼古拉五世 (Nicholas V，1397 — 1455)，文藝復興時期意大利籍教皇，梵蒂岡圖書館創辦人。他支持文學藝術和學術研究，曾贊助許多藝術家和學者。

5　耶穌會會士 (the Jesuit)，創立於 1534 年的天主教男修會耶穌會的成員，主要從事各級教育工作或在非天主教地區從事傳教工作。

大量而博雜的知識。它培養的理想人才應熟悉迄今人類寫下的最優秀的作品，他將掌握世界上人們使用的主要語言，考察過各個民族的興衰史和表達人類情感的詩章，他閱讀過優秀的劇作品和小說。他還了解主要的哲學流派，細心閱讀過那些以風格明晰而著稱的哲學家的作品。

很顯然，如果要大致完成這個計劃，他便不可能有很多時間去做其他任何事情，除非他在漫長的生命快要結束時去那樣做。人們會想起盧奇安在一篇對話體作品裏的計算：在證明一個人有資格實行任何一種流行的道德倫理體系之前，他竟然會花150年時間審查他們的證明書。

這種理想的目標不是為人類提出的。文科的文化教育指的絕不是這樣一種雄心勃勃的計劃：完全掌握從亞洲到歐洲、從歐洲到美洲人類文明所創造的各種文學作品。只需要選擇一小部分，但正如我們所知道的，必須選擇精華。我對包含希臘的色諾芬[6]而遺漏中國的孔夫子的選擇表示懷疑，不過我還沒有從頭到尾讀過他們的原文作品。文科教育的宏偉計劃確實變成了學習用幾種重要的語言創造出來的一些文學作品片段。

但是，對於人類精神的表述並不限於文學，還有各種

6　色諾芬（Xenophon，公元前431─前355？），希臘歷史學家，他的散文受到古代文論家的推崇，至近代仍享有崇高的聲譽。著有《遠征記》、《希臘史》等。

其他的藝術，而且還有各種科學。教育必須超越以被動的方式接受他人的思想，必須加強首創精神。遺憾的是，首創精神並不意味着僅僅獲得一種首創精神：有思想上的首創精神，行動中的首創精神，還有藝術中充滿想像力的首創精神；而這三個方面還需要有許多分支。

獲得首創精神的領域是廣闊的，而個人的生命卻是如此短暫，如此不完全：古典文化學者、科學家和校長們都成了無知的人。

有一種奇怪的錯誤觀念：如果需要知道的東西比較少，就可能有一種比較完全的文化。唯一的收穫必定是更有可能處於無意識的愚昧狀態。沒有讀過莎士比亞、牛頓[7]和達爾文[8]，即便對柏拉圖也不可能有一種收穫。近年來，文科教育的成績並沒有退步，所發生的變化是，人們已經發現了這種教育的要求。

我的觀點是，沒有一種學習可以說具有理想、完美的地位，那些被排除的次要因素也同樣如此。在柏拉圖式的文化中，那種強調無偏見的智力鑑賞是一種心理錯誤。行動以及我們處於事件在必然因果關係中的轉變，這兩者是

7　艾薩克・牛頓 (Isaac Newton，1643 — 1727)，英國物理學家和數學家，17 世紀科學革命的偉大代表。曾就讀於劍橋大學，1667 年任三一學院研究員。著有《自然哲學的數學原理》等。

8　查爾斯・達爾文 (Charles Darwin，1809 — 1882)，英國博物學家，提出以自然選擇為基礎的生物進化學說。曾就讀於劍橋大學，著有《物種起源》等。

極其重要的。力圖使智力或審美的生活脫離這些基本事實的那種教育，本身就反映了文明的衰落。從本質上說，文化應該是為了行動，其作用應該使勞動從漫無目的的辛勞中解脫出來。藝術的存在使我們可能知道我們感官鑒賞力的表達是美好的事物。藝術可以豐富人的感官世界。

無偏見的科學求知慾是一種熱情，它對各種事件的關聯採取一種有序的理智的看法。但這種求知的目標是使行動與思想緊密結合。即使在抽象科學中，這種重要的行動介入也往往被人忽略。沒有一個科學家僅僅是只想了解世界。科學工作者學習知識是為了滿足他發現新事物的願望。他不是為了解而去發現，他是為發現而了解。藝術和科學給艱苦的勞作帶來的那種樂趣是成功的目標帶來的愉快。這也是科學家和藝術家得到的同樣的樂趣。

把技術教育與文科教育對立是錯誤的。不涉及文科的技術教育不可能完美，不涉及技術的文科教育也不能令人滿意。換句話說，凡教育必傳授技術和充滿智慧的想像。用更簡單的語言來概括：教育應該培養出這樣的學生，他既很好地掌握某些知識，又能夠出色地做某些事情。這種實踐和理論的緊密結合是相輔相成的。才智非凡的人在隔絕狀態中工作不可能發揮得最好。創造性衝動的激勵需要很快向實踐轉變，尤其對兒童來說是這樣。幾何學與力學知識，輔以車間工場的實踐，便可以實現這樣的目標，否則，數學便成了冗長的廢話。

在一個國家的教育系統中須有三種主要的方式，即文科課程、科學課程和技術課程。但其中的每一種課程都應該包括其他兩種課程的內容。我的意思是，每種形式的教育都應該向學生傳授技術、科學、各種一般的知識概念以及審美鑑賞力；學生在每一方面所受的訓練，都應該由其他兩方面的訓練補充而相得益彰。即使是最有天賦的學生，由於缺乏時間，他也不可能在每一方面都得到充分發展，因此必須有所側重。最直接的審美訓練自然會出現在這樣的技術課程中，即這種審美訓練是某種藝術或具有藝術性的行業的必要條件。然而，它在文科教育和科學教育中都是重要的。

文科課程的教育途徑是學習、研究語言，即學習我們向別人轉達思想時最常用的手段和方法。這時，需要掌握的技能是言語表達的技能；需要掌握的科學是研究語言的結構，以及分析語言與語言所表達的思想之間的關係。此外，語言和感情的微妙關係，以及書面語和口語訴諸的感官的高度進化，使我們成功地使用語言並因此而具有敏銳的審美鑑賞力。最後，世界的智慧在用語言創作的傑作中保留下來。

這樣的課程具有同質的優點，它包含的所有各不相同的部分是協調而互為補充的。這種課程，一旦大體上建立起來，會成為一種唯一完美的教育，對此我們幾乎不會感到驚奇。它的缺點是過分強調語言的重要性。確實，言

語表達的種種重要性是如此突出，以至難於做出清醒的估計。這幾代人一直注意到，文學以及文學形式的表述從它們在知識生活中佔有的獨特重要的地位隱退了。為了真正成為大自然的僕人和侍從，僅僅有文學才能是不夠的。

科學教育主要是一種訓練觀察自然現象的藝術，以及訓練知識和訓練對涉及一系列自然現象的法則進行演繹推理。然而，在科學教育中，正如在文科教育中一樣，我們也受時間短少的限制。有許多類型的自然現象，每類自然現象都各有與之相應的科學，這種科學有其獨特的觀察方式，也有其獨特的思維方式用以演繹種種法則。在教育中泛泛地學習科學是不可能的，所能夠做的是學習兩三門密切相關的科學。因此出現了對任何以科學內容為主的教育中的狹隘專門化的指責。顯然，這種指責是有充分事實根據的，這值得我們思考：在科學教育的範圍內，同時也為了有利於這種教育，我們應該如何避免這種危險。

進行這種討論必須考慮到技術教育。技術教育大體上是訓練這樣一種藝術：運用知識生產物質產品。這種訓練注重於手工技能，眼和手的協調動作，以及在控制構造過程中的判斷。但判斷力需要具備自然變化過程的知識，因為製造過程要運用這些知識。因此，在技術訓練的某個階段需要學習科學知識。如果你縮小科學知識的傳播範圍，你將使它局限於科學專家的範圍內；假如你擴大其範圍，在一定程度上你將把科學知識傳授給工人們以及 —— 更重

要的 —— 給予企業的董事們和經理們。

從智力方面說，技術教育並不一定僅僅與科學有關。它也可能是屬於藝術家或學習藝術性技能的工匠們的教育。在後一種情況下，就需要培養與這種教育有關的審美鑒賞力。

柏拉圖式的文化，其有害的一面就在於，它完全忽視了技術教育是作為理想的人完美發展的一個組成部分。這種忽視來自於兩種極糟糕的對立，即精神與軀體的對立，以及思想與行動的對立。我在這裏要插一句 —— 僅僅是為了避免批評 —— 我完全知道希臘人極為看重人的形體美和身體的運動，但是，他們那種對價值觀念的錯誤認識是奴隸所有制不可避免的後果。

我堅持認為這是教育中的一條原則：在教學中，你一旦忘記了你的學生有軀體，那麼你將遭到失敗。這正是文藝復興以後柏拉圖式的課程的錯誤。但任何東西都不能阻止人們接近自然；因此，在英國的教育中，自然在被逐出教室後，又以熱愛體育運動的形式返回生活之中。

雖然智力活動與人體的種種聯繫是分佈在人體的各種感覺中，但這種聯繫主要集中在眼、耳、聲音和手。感覺和思維之間有一種協調，大腦活動與身體的創造性活動之間也有一種交互作用。在這種相互反應中，手的作用特別重要。究竟是手創造了大腦還是大腦創造了手，這是一個爭論未決的問題。但手和大腦之間的聯繫肯定是密切的、

交互作用的。這種根深蒂固的關係，並沒有因為幾百年裏在一些特殊的家庭中人們不做手工勞動而普遍衰退。

不運用手工技藝是導致貴族階級的大腦昏沉呆滯的原因，大腦的這種懶散只有通過運動才能減輕。運動時腦力活動會減少到最小程度，而手工技藝也沒有精細微妙，連續書寫和口頭闡述的需要，對專業階層人員的思維能力是某種輕微的刺激。那些拒絕做其他事情的偉大的讀者們，並不以大腦思維縝密而出類拔萃；他們往往是膽怯守舊的思想者。毫無疑問，部分原因是他們過多的知識超越了他們的思維能力；但部分是因為缺乏來自聲音或手的富有創造性的活動對大腦的刺激。

在評價技術教育的重要性時，我們必須超越學習與書本學習之間那種唯一的關係。通過直接經驗獲得的知識是智慧生活的首要基礎。在很大程度上，通過書本學習所得到的是第二手的知識，因此永遠不具有那種直接實踐的重要意義。我們的目標是把生活中的直接事件看作我們一般思想的實例。學術世界所提供的往往是少量間接的知識，用以說明從其他間接知識得來的思想。學術世界的這種間接性正是它的平庸所在。它是平淡的，因為它從未受到事實的威嚇。弗朗西斯·培根[9]最重要的影響並不在於他表達

9　弗朗西斯·培根（Francis Bacon，1561－1626），英國哲學家、政治活動家和散文家；主張通過實驗揭示自然界的奧祕，信奉「科學是歸納的」思想，被稱為「整個現代實驗科學的真正始祖」。

了任何獨特的歸納推理理論，而在於他領導了對間接知識的反叛。

一種科學教育的獨特價值應該是，它將思維建立在直接的觀察上；與此相應，技術教育的價值就在於，它遵循我們內心深處的自然本能，將思維轉化為手工技藝，將手工活動轉化為思維。

科學所喚起的思維是邏輯思維。今天，邏輯可分為兩種：即發現的邏輯和被發現物的邏輯。

發現的邏輯在於權衡概率，在於拋棄被認為是無關的細節，在於將決定事件發生的一般原理分類，以及通過設計合適的實驗來檢驗各種假說。這是歸納性的邏輯。

被發現物的邏輯是對特殊事件的演繹，在一定條件下，這些特殊事件會遵循假定的自然規律而發生。因此，當自然規律被發現或假定時，對這些規律的應用便完全取決於演繹邏輯。假如沒有演繹邏輯，科學便毫無價值，它只會成為一種從特殊上升到一般的枯燥的遊戲，除非我們後來能夠把這個過程顛倒過來，再從一般降至特殊，上升和下降就像雅各夢中天梯[10]上的那些天使們一樣。當牛頓憑直覺發現了萬有引力定律時，他立刻開始計算地球對蘋果表面的引力以及地球對月球的引力。我們可以順便指出，如果沒有演繹邏輯，就不可能有歸納邏輯。因此，牛

10　雅各的梯子（Jacob's ladder），典出《聖經》，雅各夢中所見通往天國的梯子。

頓所做的大量計算工作，是他對這個偉大的定律進行歸納證實的必不可少的一步。

今天，數學不過是演繹推理藝術中比較複雜的部分，尤其是當它涉及到數字、量和空間時。

在傳授科學時，應該傳授思維的藝術：即形成適用於直接經驗的清晰思維的藝術，憑直覺領悟一般真理的藝術，檢驗先見能力的藝術，以及將普遍真理推廣運用於具有某種特殊重要性的特定情況的藝術。此外，還需要有科學闡述的能力，這樣才能夠對重點給予應有的重視，從一團混亂的思想中清晰地梳理出有關的問題。

當對一門科學或一小類科學進行了這種充分的教學，對思維的一般藝術給予了應有的關注，這時，我們在糾正科學的專門化方面就取得了很大的進展。最糟糕的那種科學教育一定是以一種或兩種特定科學為基礎的，這時教師受考試制度的影響，往往只向學生灌輸這些特定學科的狹隘的成果。重要的是，必須不斷地發現方法的通用性，並將這種通用性與某一特定應用的特殊性進行對照。一個人如果只了解自己所學的學科，把它作為這種學科特有的一套固定程序，那麼，他實際上並不懂那門科學。他缺乏豐富的思維，不能很快領悟完全不同的思想概念的含義。他將無所發現，在實際運用所學的知識時也將反應遲鈍。

這種在特殊中顯現一般是極難實現的，對於年齡較小的學生尤其如此。教育的藝術從來不容易掌握。克服種種

困難，特別是初等教育中的困難，值得最傑出的天才去為之努力。這是培養人的靈魂的工作。

數學如果教授得法，應該成為循序漸進地灌輸這種思想概念通性的最有力的工具。數學的真髓永遠是偏愛更一般的思想概念而拋棄更特殊的思想概念，偏愛一般的方法而拋棄特殊的方法。我們用一個方程來表達某一特殊問題的條件，但這個方程適用於不同學科中數以百計的其他問題。一般推理永遠是最有力的推理，因為演繹推理的說服力是抽象形式的固有屬性。

我們在這裏仍須格外小心。如果我們教數學只是讓學生牢記一般原理，我們將損害數學教育。一般概念是聯繫特殊結果的方式，畢竟，具體特殊的問題才是重要的。因此，在處理數學問題時，你的結果怎麼具體也不過分，而涉及到你的方法時則越普遍越好。推理的本質過程是對特殊的事物進行歸納概括，然後對一般的事物進行特殊處理。沒有一般性的概括歸納，就不存在推理；沒有具體性就會失去重要性。

具體性是技術教育的力量所在。我願提醒你們，缺乏通用性的原理未必是具體的事實。例如，「x+y=y+x」是一個比「2+2=4」更一般的代數原理。但「2+2=4」本身就是一個缺乏具體性的十分通用的命題。要獲得具體的命題，就必須對涉及特殊客體對象的原理具有直覺的知識。例如，你若對蘋果有直接的感知或直覺的印象，那麼「這兩個蘋

果和那些蘋果加在一起是四個蘋果」就是一個具體的命題。

為了充分認識原理 —— 認識的目的在於運用它們而不是將其作為空泛無意義的公式 —— 就必須進行技術教育，此外別無選擇。僅僅做消極的觀察是不夠的。只有在創造中，才會對產生的客體對象的特性具有生動而深刻的理解。如果你想了解一種東西，就親自去做它，這是一條明智的法則。這時，你的各種智力功能將處於活躍的狀態，你的思維活動在轉變為行動的過程中充滿活力。你的概念會獲得那種真實性，這是因為你看見了這些概念適用的範圍。

在初等教育中，很久以來人們已在實施這條原則。教師教孩子們通過剪裁和分類這樣一些簡單的手工操作，來使他們熟悉形狀和顏色。儘管這樣很好，但這並不是我的意思。那是你思考之前的實際經驗，是為了引發思想概念的先於思維的經驗，是一種非常好的訓練。但技術教育應該更加豐富：這是你在思考時的創造性的經驗，這種經驗可以實現你的思維，教你學會協調行為和思維，使你把思維與展望聯繫起來，把展望與成就聯繫起來。技術教育提供理論，還提供敏銳的洞察力來判斷理論將在何處失去作用。

不應把技術教育看作是完美的柏拉圖文化的一種殘缺的替代物，即看作一種不幸由於生活條件限制而必須進行的有缺陷的訓練。人們能夠獲得的只是不完全的知識和不

完整的能力訓練。然而，我們有三種主要的途徑去努力追求智力與性格的最佳平衡，這就是文學的修養，科學的修養，和技術的修養。僅僅進行一種教育必然導致智力活動和性格方面的巨大損失。但這三種課程的機械混合會產生糟糕的結果：零碎的知識永遠互不關聯或得不到運用。我們已經注意到傳統的文學教育中的這樣一個優點，即它的各個部分都是相互協調的。教育要關注的問題是保持主要的側重點，無論是側重文學、科學還是技術；同時在不損失協調的情況下，在每一種教育中融入其他兩種教育的內容。

為使技術教育的問題明確，須要注意兩個年齡：一個年齡是 13 歲，當小學教育結束時；一個是 17 歲，如果學校課程中包括技術教育，這時技術教育將結束。我知道，對於初級技術學校培養的手藝人來說，三年的課程是更常見的。另一方面，對於培養海軍軍官，對於一般的管理班級，則可以花更長一些時間。我們想考察適用於這樣一種課程的原則：這種課程可以讓 17 歲的青年人掌握對社會和公眾有用的專門技術。

孩子們接受技能性的手工訓練應該從 13 歲開始，訓練所佔比例與其他課業活動相比不可過大。隨後每年增加這種訓練，最終要佔到很大的比例。最重要的是，這種訓練不應該過於專門化。適合某一特定工作的車間精加工工序和車間操作技巧，應該到商業性的車間裏去傳授，不

應構成學校課程中的重要組成部分。對於這些知識，一個受過良好訓練的工人一學就會。在所有的教育中，失敗的主要原因是內容陳腐而缺乏新意。如果我們把技術教育看成是向孩子們傳授一門高度專門化的手工技能，那麼技術教育注定要失敗。國家需要一種勞動力的流動，不僅僅是從一個地方流到另一個地方，而且還要在相關能力的適當範圍內，能夠從一種專門類型的工作轉換到另一種專門的工作。我知道我這樣說論據不充分，我並不是主張讓那些專門從事某種工作的人不時地去換做另一種工作。這是行業組織機構的事，與教育家們無關。我只是堅持這樣的原則：受教育者接受訓練的範圍應該比他最後掌握的專業更廣泛，他因此而獲得的適應各種不同需要的能力將對工人有利，對僱主有利，而且對國家有利。

在考察課程的知識性時，我們必須遵循各學科間的學習互相協調的原則。一般來說，與手工訓練最直接相關的知識學習是自然科學的某些學科，實際上會涉及到不止一門學科；即使不是這樣，也不可能把科學的學習變成一種單一膚淺的思維方法。不過，假如我們不過細地分類，我們就可以大體上按所涉及的主要科學門類來劃分技術學習。這樣我們就有六個門類，即 (1) 幾何技術，(2) 機械技術，(3) 物理技術，(4) 化學技術，(5) 生物技術，(6) 商業和社會服務技術。

這種分類意味着除了各種從屬的學科外，在大多數職

業的培訓中還須要強調某種特殊的學科。例如，我們可以把木工手藝、五金手藝以及其他許多藝術性的工藝算在幾何技術中。同樣，農業屬於一種生物技術。烹飪業如果包括提供飲食服務，也許可介於生物、物理和化學諸學科之間，儘管我對此不能肯定。

與商業和社會服務相關的學科，部分屬於代數學，包括算術和統計學，部分與地理學和歷史學有關。但這部分學科在它們的學科親和關係方面多少是不同的。無論如何，將技術學習按其與學科的關係進行分類的準確方法是一個涉及細節的問題。基本之點在於，經過一定思考有可能找到可以說明大部分職業的科學課程。而且，人們對這個問題很了解，在英國的許多技術學校和初級工藝學校中已經很好地解決了這個問題。

回顧和考察技術教育的知識要素，當我們從科學轉入文學時，我們注意到，許多情況下學習是介於兩種學科之間的，譬如，歷史和地理。如果那是正確的歷史和正確的地理，那麼這兩個學科在教育中是十分重要的。此外，那些對一般結果進行描述性解釋以及呈現各學科中一系列思想的書，也屬於這一類。這類書應該部分是基於史實的，部分是闡述那些最終已經產生的主要思想的，它們在教育中的價值取決於它們對智力的激勵作用。絕不能用科學的奇跡來誇大它們，它們必須提供一種廣闊的視野。

遺憾的是，在教育中，除語法學習外，人們很少考

慮到文學內容。歷史的原因是,在近代柏拉圖式的課程形成之時,拉丁語和希臘語是開啟偉大的文學之門的唯一鑰匙。但文學和語法之間沒有必然的聯繫,在亞歷山大[11]的語法學家們出現之前,希臘文學的偉大時代已經逝去。今日世界的各種人中,研究古典文學藝術的學者離伯里克利時代[12]的希臘人最為遙遠。

文學知識本身並不特別重要,唯一重要的是這種知識是如何學習的。有關的事實不足為道。文學之所以存在,只是為了表達和擴展構成我們生活的那個想像的世界,表達和擴展我們內心的王國。因此,技術教育中涉及的文學應該努力使學生從文學欣賞中得到樂趣。學生們知道什麼,這無關緊要,而從文學欣賞中得到愉悅卻是極其重要的。在英國那些了不起的大學的直接管理之下,學校的學生們參加莎士比亞戲劇課的考試,他們文學欣賞的樂趣受到了某種傷害,應該起訴這些大學犯有扼殺靈魂之罪。

有兩種與智力活動有關的愉悅:創造的愉悅和消遣的愉悅。它們並不一定是互相分離的。職業的變動會帶來極大的快樂,這種快樂來自於上述兩種形式的愉悅同時發

---

11 亞歷山大 (Alexandria),埃及北方港市,曾是古代世界主要的學術中心和最偉大的城市之一。

12 伯里克利時代 (Periclean Times),此處指古代雅典政治家伯里克利 (Pericles,公元前 495 — 前 429) 統治的時期,當時雅典的文化和軍事發展達到了全盛時期,雅典成為全希臘的政治文化中心。

生。文學鑒賞確實是創造。文學家寫出的詞句，它的音樂感，它引起的聯想，都不過是刺激因素，它們所喚起的景象是我們自己造出的。除了我們自己，任何人，任何天才都不能夠使我們的生活充滿活潑的生命。但是，除了那些從事文學工作的人外，對於其他人來說，文學還是一種消遣。它使任何職業的人在工作時受到抑制的另一面得到訓練運用。藝術對於生活也具有與文學相同的作用。

無須幫助就可以獲得消遣的樂趣，這種樂趣不過是停止工作而已。某種這類純粹的消遣是保持健康的必要條件。它的種種危險是眾所周知的。在人們需要放鬆休息的大部分時間裏，大自然賦予我們的並不是愉悅，而是大腦處於睡眠狀態的一片空白。創造性的愉悅是成功的努力帶來的結果，它需要幫助才能得到。這種愉悅對於快節奏的工作和有獨創性的成就來說是必不可少的。

讓那些沒有通過放鬆而恢復活力的工人提高生產速度，這是一種極有害的經濟政策。暫時的成功是以犧牲全體國民的利益為代價的，在他們生活的漫長歲月中，他們將不得不供養疲憊不堪的手藝人，即那些不能被僱用的人。同樣十分有害的是陣陣爆發性的努力和完全的放鬆期交替出現。這種完全的放鬆期如不加以嚴格控制，會成為退化的醞釀期。正常的娛樂消遣應該相當於某種活動轉換，它滿足本能的迫切需要。各種遊戲就提供了這種轉換活動。沒有遊戲會使鬆弛消遣顯得重要，遊戲過度則使我

們空虛無知。

正是從這一點上說，文學和藝術應該在一個健康而組織有序的民族的生活中起十分重要的作用。它們給經濟生產帶來的益處將僅次於睡眠或飲食所帶來的益處。我並不是在談論培養藝術家，而是說運用藝術作為健康生活的一個條件。在物質世界裏，藝術就好像陽光一樣。

我們一旦在頭腦中擯棄了這樣的觀念，即知識是要索取的，那麼在幫助發展藝術欣賞方面就不會有特別的困難，或不必支付特別的開支。可以定期讓所有的學生到附近的劇院去，在這些劇院裏，對上演適合學生們看的戲劇可以進行補貼。音樂會和電影也是如此。圖畫對廣大學生的吸引力更難以預測，但是，用趣味盎然的圖畫來表現孩子們讀過的景致或思想，對他們可能會有吸引力。應該鼓勵學生自己去進行藝術性的嘗試和探索。首先應該培養他們朗讀的藝術。艾迪生[13]辦的《旁觀者》雜誌上那些關於柯弗雷的文章，就是可讀性很強的散文典範。

藝術和文學賦予生命的活力並不只是一種間接的影響，它們還直接給予我們充滿想像力的視野。我們生活的

13　約瑟夫・艾迪生 (Joseph Addison，1672 — 1719)，英國散文家、詩人、劇作家和政治活動家，英國期刊文學的創始人之一。他與斯梯爾 (Steele) 合辦《旁觀者》，刊登隨筆、特寫、評論、報道，發表提倡道德修養和文學欣賞的文章，其中關於鄉紳羅傑・德・柯弗雷的文章深受歡迎。艾迪生的文筆優雅，思想見解較深刻，被譽為英語散文大師。

世界所包容的遠遠超越肉體感官的釋放，而具有各種微妙的反應和情感的起伏波動。想像的視野是具備控制力和指導能力的先決條件。各民族之間的競爭最終將取決於工場而不是戰場，勝利將屬於那些受過訓練的精力充沛的強者，他們在有利於自身發展的種種條件下工作，而其中不可缺少的一個條件就是藝術。

如果有時間的話，我還想談談其他的問題，比如，提倡在所有的教育中包括一門外國語的學習。我通過直接的觀察了解到，這對於學習手工技藝的孩子們來說是可能的。但我前面所講的已能充分闡明我們進行國民教育應該遵循的原則。

最後，我願再回到本尼迪克特教派的思想，他們把知識、勞動和道德力量聯繫在一起，為人類挽救了古代世界逐漸消失的文明。我們面對的危險是把實際的日常事務看作是邪惡的王國，在那裏好像只有突出理想的目的才能取得成功。我認為這種觀念是已被實踐經驗直接否定了的一種謬論。在教育中，這種錯誤的觀念表現為對技術訓練採取一種平庸的觀點。我們的祖先在那漫長而黑暗的世紀中，將崇高的理想體現於傑出的組織結構中，從而拯救了自己。我們無須盲目模仿，而應勇敢地去發揮我們的創造活力。

5 / 古典文化在教育中的地位

　　在英國，古典文化的前景將不主要取決於古典文化給一個優秀的學者帶來的樂趣，也不由為學者業餘愛好而進行的學術訓練的功用性來確定。以古典文學和古典哲學為主要基礎的教育使受教育者得到愉悅和品德修煉，這已為幾百年來的經驗所證明。今日的古典文化學者不像他們的前輩那樣熱愛古典文化，但古典學術面臨的威脅並不緣此而生。這種威脅是這樣產生的：過去，古典文化在高等教育的各個領域呈極盛之勢，那時沒有任何東西能與古典文化相抗衡，因此，所有的學生在他們的校園生活中始終浸潤在古典文學和藝術中。古典文化課程在大學的主導地位僅僅受到有限的數學課的挑戰，這種局面導致了諸多結果，譬如，僅僅出於教學上的考慮就需要大量研究古典文化的學者；在學術生活的各個領域都瀰漫着古典文化的氣氛，以至於古典文學藝術的才能成了能力的代名詞；最後，凡有望在這方面略有發展的學生，都注意培養自己在古典學術方面天生或後天養成的興趣。然而這一切都已成為過去，永遠地不復存在了。漢普蒂·鄧普蒂[1]只要立在牆

1　漢普蒂·鄧普蒂 (Humpty Dumpty) 是舊時童謠中的矮胖子，蛋的化身，他從牆上跌下來摔得粉碎。此處指一經損壞便無法復原的東西。

上，他就是一個完好無損的蛋，可是你永遠不能把他重新立起來。今天，學校中有各種學科，每種都涉及人們普遍感興趣的題目，而這些題目之間存在着複雜的關係；每個學科也展現出天才們以其豐富的想像力和哲學家的敏銳直覺，在學科發展中所完成的最崇高的業績。現代生活中幾乎每一種職業都是有學問的專業，都需要一種或多種這樣的學科作為專門技術的基礎。人生短促，而大腦適合學習的那段可塑期則更短。因此，即便所有的孩子都適合學習古典文學藝術，也絕不可能保持這樣一種教育制度，即把古典文化學者所受的完美訓練作為掌握其他知識學科的必要條件。作為英國首相府「古典文化在教育中的地位」工作委員會的一個成員，我不幸聽到許多人徒勞無益地哀歎今天家長們那種唯利是圖的傾向。我不相信今天的父母比他們的前輩更唯利是圖。過去，當古典文學藝術是通往成功的道路時，它成為大家普遍學習研究的學科。今天情況已經發生了變化，古典文化處於危險之中，難道不是亞里士多德[2]說豐厚的收入是知識生活值得擁有的附加物？我不知道今天我們公立學校的校長對作為家長的亞里士多德所說的這些話作何感想。就我對亞里士多德有限的了解，我猜

2　亞里士多德 (Aristotle，公元前 384 — 前 322)，古希臘哲學家和科學家，其思想對西方文化產生了深遠的影響。亞里士多德的知識體系博大精深，包括了絕大多數科學和多門藝術，其著作幾乎涉及當時所有的知識領域，主要有《詩學》、《修辭學》、《物理學》、《政治學》、《工具篇》、《形而上學》等。

想曾經有過一次爭論，而亞里士多德佔了上風。我一直在試圖估計教育課程中古典文化面臨的危險的真正嚴重性，我的結論是，古典文化未來的命運將在今後幾年裏在英國的中等學校裏決定。不出一代人的時間，那些了不起的公立學校不管是否願意，將不得不仿效它們的做法。

情況決定於這樣一個事實：將來百分之九十的學生，當他們18歲離開學校時將再也不會閱讀古希臘語和拉丁語的學術著作。那些更早離開學校的學生，估計比例會達到百分之九十九。我曾多次聽到並讀到過優美的評論和文章，說古典學術著作對那些坐在沙發裏閱讀柏拉圖和維吉爾作品的學者多麼有價值。但這些人將再也不會坐在沙發裏或在其他任何情況下讀古典作品了。我們必須保護古典文化課程，這關係到那百分之九十的學生。如果對這百分之九十的學生來說古典文化從學校的課程中被徹底淘汰，它在其餘百分之十的學生中也將很快消失。沒有一所學校會有教師教他們古典文化課程。這是一個緊迫的問題。

不過，如果得出這樣一種結論，認為古典文化在學術界遭到非議，或受到關注教育與效率間關係的工業界領導的反對，那就大錯特錯了。上次我參加的關於這個題目的公開或私下的討論，是在一所相當現代化的大學裏的一個重要的委員會裏進行的，那是一次簡短而充滿活力的討論。科學系的三位代表極力強調古典文化的重要性，因為他們認為，古典文化對科學工作者來說是一種重要的預備

性的訓練。我之所以提這件事是因為我的經歷便是很好的例證。

我們必須記住，知識教育的整個問題是受時間短少的制約。如果瑪土撒拉[3]不是一個知識淵博的人，那是他的錯或他老師的錯。但我們面臨的任務是如何利用中學的五年時間，在這段時間裏，古典文化課與其他學科共同分配時間，只有當古典文化能夠比其他任何目的相同的學科更快地豐富學生的智力品質時，它才能得到保護。

在古典文化學習中，我們通過對語言全面而透徹的研究，來培養我們在邏輯學、哲學、歷史和文學審美鑒賞諸領域的能力。語言 —— 拉丁語或希臘語 —— 的學習只是為了促進這個目標的輔助手段，目標達到後，語言學習便可以中止，除非學生有機會或願意對這種語言做進一步的學習和研究。有這樣的學生，其中一些是最優秀的，對他們來說，語言的分析並不是通向文化目標的途徑。對這些學生來說，一隻蝴蝶或一台蒸汽機比一個拉丁文句子有着更廣泛的意義。那些有一點天才的學生尤其如此，他們的天才來自於生動的領悟力，可以激發創造性的思維。對這些學生來說，指定的用文字表述的句子幾乎永遠在描述着錯誤的東西，在用無價值的不相關的問題攪亂他們的思維。

3　瑪土撒拉 (Methuselah)，《聖經》中的人物，據《創世紀》記載，他享年969歲，是傳說中最長壽的人。

但是，總的看來，正常的途徑是語言分析。對學生來說，它是最普通的標準；對教師來說，它顯然是最容易做的工作。

在這點上我必須反問自己。我的另一個自我會問：如果你想讓孩子們學習邏輯，你為什麼不去教他們邏輯？難道那不是明顯的傳統做法嗎？我用一位偉人的話來回答這個問題，他就是不久前去世的昂德爾學校[4]的校長桑德森[5]，他的逝世對我們是巨大的損失。桑德森的話是：他們通過接觸來學習。這句話的重要意義涉及真正的教育實踐的核心問題。它必須從特定的、對個人理解來說是具體而明確的事實開始，它必須逐步發展成為一般的思想概念。要避免那種邪惡的影響：灌輸與個人經驗毫無關係的一般性的說明。

現在，應用這條原則來確定最佳的方法，以幫助孩子發展一種哲學家似的思維分析。我願用更簡單的方式來表述這個意思：使一個孩子思維清晰、敘述有條理的最好的方法是什麼？邏輯學教科書中的各種一般性的敘述與孩子

4　昂德爾學校 (Oundle)，位於英國北安普敦郡內的一所男子中學，始建於1556年。桑德森任校長時 (1892－1922) 該校名聲遠揚，於1930年受皇家冊封。

5　弗雷德里克·威廉·桑德森 (Frederick William Sanderson，1857－1922)，英國中學校長，他於1892年至1922年任昂德爾學校校長，通過建立實驗室、天文台、圖書館、工場車間和實驗農場使該校大為改觀，他建立的理工科系吸引了許多原來對古典語文不感興趣的少年。桑德森改組昂德爾學校的做法對中等教育的課程和教學法產生了重大影響。

聽說過的任何東西毫無關係。這種一般性的敘述屬於大學或接近大學水平的成人教育階段。你必須從分析自己熟悉的英文句子開始。但是，這個語法學習過程如果延長超過了小學階段，會是極其枯燥的。而且，它還有這樣的缺點：它只是從英語語言上進行分析，而根本沒有說明英語短語、詞彙的複雜含義以及心理認知過程的習慣。你下一步是教孩子學習一種外國語。這時你有一個極好的有利條件：你擺脫了那種令人厭惡的純粹為練習而進行的形式上的練習。這時，分析成為自發的無意識的活動，學生的注意力集中於用這種語言表達他想要的東西，或理解正在向他說話的人的意圖，或理解某個作家的作品的含義。每一種語言都體現了某種一定的心理類型，而兩種語言必然會向學生顯示這兩種心理類型之間的差異對照。常識會明確地告訴你，你應儘早教孩子開始學習法語。如果你富有，你會請一個講法語的保姆。不那麼幸運的孩子則從12歲起在中學開始學法語。可能會用直接法教他們，讓他們在課堂上自始至終沉浸在法語中，而且學習用法語思維，在辨認法語詞彙和詞義時不受英語干擾。即使智力中等的孩子也會學得不錯，很快就能掌握處理和理解簡單法語句子的能力。正如我前面提到的，收穫是巨大的，此外還掌握了對後半生有用的工具。語言的感悟能力提高了，這種感悟力是一種對語言的下意識的鑒賞力，將語言看作是限定性結構中的一種工具。

只有到這個時候，開始學習拉丁語對孩子的智力發展才是最好的促進。拉丁語的語言要素顯示出語言作為一種結構的特別清晰具體的例子。如果你的智力已經發展到了這個階段，你就要面對這個事實。對英語和法語而言，你可能不會遇到這種情況。一種簡單的合乎標準的英語可以直接轉換成不嚴謹的法語，反過來，標準的法語也能直接轉換成不嚴謹的英語。對於智力發展處於這種水平的孩子來說，直譯出來的彆腳的法語和標準法語間的差別——應該把它寫出來——往往是細微難以區別的，也並不總是可以容易解釋清楚的。兩種語言在表述方法上都具有相同的現代性。但英語和拉丁語相比，結構上的差異是明顯的，不過這種差異還沒有大到構成一種不可逾越的障礙。

　　按照學校教師們的說法，拉丁文是一門頗受學生歡迎的科目；我知道當我還是一個學生的時候，我自己也喜歡拉丁文課。我想，拉丁文之所以如此受歡迎，是因為學生伴隨着學習而體驗到的啟蒙感：你知道你正在發現某種東西。不知怎麼的，拉丁語詞彙以一種不同於英語詞或法語詞的方式嵌在句子中，詞彙具有奇特的不同的內涵。當然，從某種意義上來說，和英語相比，拉丁語是一種更不開化的語言。它作為未經分解的單元更接近於句子。

　　這樣，我就可以繼續討論下一個問題。在我列出的拉丁文給予學生的多種饋贈中，我將哲學放在邏輯學和歷史學之間。哲學在其中就佔有這樣的地位。拉丁文喚起的那

種哲學家的本能直覺，翱翔於邏輯和歷史之間而使兩者變得豐富。將英語譯成拉丁語或將拉丁語譯成英語，對翻譯中涉及的思維進行分析，可使學生得到哲學家進行邏輯思維所必要的那種初次經驗。如果你後半生的工作是那種要進行思考的工作，那麼感謝上帝，他曾經規定：在你的青少年時期有五年時間，你每星期要寫一篇拉丁文散文，每天要逐字翻譯某位拉丁文作家的一段作品。進入任何一門學科都是通過接觸進行學習的過程。對大多數人來說，語言最容易刺激思維活動，他們的理解力的啟蒙和開發就是從簡單的英語語法到法語，從法語到拉丁語，而且廣泛涉及到幾何學和代數學的內容。在此我無須提醒讀者，我可以引述柏拉圖的權威意見來支持我正在論述的這個一般原則。

現在，我們從思維的哲學轉到歷史的哲學。我要重提桑德森的那句名言：他們通過接觸來學習。一個孩子究竟要如何通過接觸來學習歷史呢？原始的文件、憲章綱領、法案和外交函件對他來說就好像是天書。一場足球賽也許就是馬拉松戰役[6]的一種模糊的反映。但這只是說，人類的生活在任何時代、任何環境中都具有共同的特性。此外，

6　馬拉松戰役（the Battle of Marathon），公元前 490 年秋季，希臘軍隊和波斯軍隊在希臘阿提卡東北部馬拉松平原上進行的一場決戰，雅典人在這次戰役中擊退了波斯大軍的入侵。

我們向孩子們灌輸的所有這些外交的和政治的文件資料，它們反映的是一種十分空洞的歷史見解。而真正必要的是，我們應該本能地把握那些控制了人類多難歷史的不斷變化的觀點、思想，以及藝術的和民族的推動力。今天，羅馬帝國成了往日的佳釀流入現代生活的瓶頸口。至於說到歐洲的文明，打開歷史之門的鑰匙，是理解羅馬精神和羅馬帝國的成果。

拉丁語，這種羅馬的語言通過文學的形式體現了羅馬的視野。我們在這種語言中擁有了最簡單的材料，通過接觸這些材料，我們可以評價世間人事變化的潮流和趨勢。僅僅是法語和英語這兩種語言與拉丁語之間明顯的關係本身就反映了一種歷史的哲學。考慮一下英語與法語的明顯不同：英語與不列顛文明的歷史完全斷絕關係，源於地中海的含義典雅的詞彙和短語緩慢地不知不覺地回到英語中；而在法語中，我們看到發展的連續性，是在猛烈的震盪留下的明顯痕跡中。我在這些問題上並不是要作自命不凡、高深莫測的演講，事物本身就能說明問題。法語和拉丁語的基礎知識再加上母語英語，賦予種族遊蕩的傳說必要的現實氣氛，我們的歐洲就誕生於這種傳說故事中。語言體現塑造該語言的民族的精神生活，每一個短語和單詞都體現了男人和婦女們在犁地、照料家庭、建造城市時形成的某種習慣性的概念。從這個意義上說，在不同的語言中，詞彙和短語之間不存在真正的同義語。我以上所說

的這一切不過是對這個題目的一種誇張渲染，以及對它的重要性的強調。英語、法語和拉丁語對我們來說猶如一個三角，在這個三角中，英語和法語組成的對角顯示了表達兩種主要的現代精神的不同方式，它們與第三個角即拉丁語的關係，顯示了源於古代地中海文明的不同的進程。這是文學修養必不可少的三角，它本身包含着生動鮮明的對比，包容了現在和過去。它綿亙時間和空間。基於此，我們證明下述斷言是正確的，即掌握法語和拉丁語就能找到「通過接觸」學習邏輯哲學和歷史哲學的最簡捷的方式。除了某些深刻的體驗外，你對思維的分析和你的行為經歷不過像是聲音洪亮的銅管樂器。我並不是主張——我也絲毫不認為——這種教育方式對大多數學生來說不只是最簡單最容易的途徑；我肯定，對於不少學生來說，側重的方面應該有所不同。但我確實認為，這是能夠使最多的學生取得最大成功的教育途徑。它的優點還在於經受了經驗的檢驗。我認為，應該對現行的教育實踐進行修正，使之適應當前的需要。但總的說來，這樣一種文學教育的基礎涉及到人們最了解的傳統，涉及到在實踐中實現這種傳統的最大多數經驗豐富而博學的教師。

　　讀者也許注意到，我還沒有對燦爛的羅馬文學發表任何評論。當然，教授拉丁語必然要讓學生閱讀拉丁語文學作品。羅馬文學擁有充滿活力的作家，他們成功地將羅馬人精神生活的各個方面搬上舞台，包括羅馬人對希臘思想

的鑒賞與評價。羅馬文學的一個優點是，與其他文學相比，它沒有那麼多傑出的天才。羅馬作家不孤傲超然，他們表達他們的種族特徵，並不比其他民族有所不同。除去盧克萊修[7]以外，你總會感到羅馬作家工作時所受到的限制。塔西佗[8]表達了羅馬元老院頑固派的觀點，他無視羅馬行省執政官們取得的成績，只看到希臘自由民正在取代羅馬貴族這個事實。羅馬帝國以及創造了羅馬帝國的精神生活同化了羅馬民族的天才。當這個世界上的種種大事件將來失去了它們的重要性時，羅馬文學的絕大部分將不能進入天國。天國的語言將是中文、希臘文、法文、德文、意大利文和英文，天國的聖人們將愉快地注視着這些金色的語言對永恆生活進行的描述。他們將對希伯來文學在與消失的邪惡進行鬥爭時表現出來的道德熱情感到厭倦，對羅馬作家們把古羅馬廣場錯當成活着的上帝的腳凳而感到厭倦。

我們教授拉丁文，並不是指望這些用拉丁文寫作的羅馬作家可能成為我們學生的終身伴侶。英國文學更偉大：它更豐富，更深刻，更精妙。如果你具有哲學家的鑒賞力

7　盧克萊修（Lucretius，約公元前 94 — 前 55），古羅馬詩人和哲學家，著有長詩《物性論》。

8　塔西佗（Tacitus，約公元 55 — 約 120），古羅馬歷史學家，曾擔任古羅馬元老院議員，主要著作有《歷史》和《編年史》，今僅存殘篇。

和趣味，你會為西塞羅[9]而放棄培根、霍布斯[10]、洛克[11]、貝克萊[12]、休謨[13]和穆勒[14]嗎？不會的，除非你對近代人的興趣使你轉向馬丁・塔珀（Martin Tupper）。也許你特別想知道對各種不同的人類生存狀態的表達以及人物對環境的反應。你會拿莎士比亞和英國的小說家們去換泰倫提烏斯[15]、普勞圖斯[16]和特力馬其歐（Trimalchio）的筵席嗎？還有我們

9　西塞羅 (Marcus Tullius Cicero，公元前 106 — 前 43)，古羅馬政治家、哲學家和作家，也是傑出的演說家，著有《論共和國》、《論法律》、《論神性》、《學園派哲學》等。

10　托馬斯・霍布斯 (Thomas Hobbes，1588 — 1679)，英國著名的哲學家和政治家，著有《第一原理簡述》、《利維坦》、《論物體》等，晚年翻譯出版《奧德賽》和《伊利亞特》。

11　約翰・洛克 (John Locke，1632 — 1704)，英國哲學家，著有《人類悟性論》、《政府論》、《教育漫談》等。

12　喬治・貝克萊 (George Berkeley，1685 — 1753)，愛爾蘭哲學家、科學家和主教，著有《哲學紀事》、《人類和知識原理》等。

13　大衛・休謨 (David Hume，1711 — 1776)，英國哲學家、歷史學家、經濟學家和隨筆作家，著有《人性論》、《人類理智探究》、《道德原則探究》、《英格蘭史》、《隨筆與論文》等。

14　詹姆斯・穆勒 (James Mill，1773 — 1836)，英國哲學家、歷史學家和經濟學家，著有《政治經濟學原理》、《人類精神現象分析》、《不列顛印度史》等。

15　泰倫提烏斯 (Terence，拉丁文全名 Publius Terentius Afer，約公元前 195 — 前 159?)，古羅馬喜劇作家，他的語言被奉為純正拉丁語的典範，作品六部詩體喜劇對後世歐洲戲劇產生了巨大的影響。

16　普勞圖斯 (Plautus，約公元前 254 — 前 184)，古羅馬喜劇作家，作品有《安菲特律翁》、《驢子的喜劇》、《凶宅》、《撒謊者》等。

的幽默大師謝里丹[17]、狄更斯[18]和其他作家。有誰在閱讀拉丁作家的時候曾那樣開懷大笑過？西塞羅是一位偉大的演說家，他曾在歐洲壯麗的舞台上展示才華。英國也有充滿想像力地去闡述政策的政治家。我不想把這個名冊擴大到詩歌和歷史領域中去而使你們煩惱。我只是希望證實我對下述斷言的懷疑，即拉丁文學完美地表述了人類生活的共同要素。拉丁文學不會笑，它也幾乎不會哭泣。

你絕不能將拉丁文學與它所處的背景環境分離開。它不是希臘和英國產生的那種意義上的文學，即表達人類共同的感情。拉丁文學有一個主題，那就是羅馬 —— 羅馬，它是歐洲的母親，偉大的巴比倫，《啟示錄》作者描述了其命運的娼妓[19]：

「她為自己要經受的折磨而恐懼，遠遠地站開，口中唸唸有詞：唉，唉，偉大的巴比倫城，偉大的城！一個小時之內你就要受到審判。世界上的商人們將為她哭泣和悲哀；因為再不會有人買她的商品。

「那些金銀製品、寶石和珍珠製品、細麻布、紫色布、

17　理查德・布林斯利・謝里丹 (Richard Brinsley Sheridan，1751 — 1816)，英國劇作家和政治家，出生於愛爾蘭，著有《造謠學校》、《批判家》等。

18　查爾斯・狄更斯 (Charles Dickens，1812 — 1870)，英國作家，作品有《大衛・科波菲爾》、《雙城記》、《董貝父子》、《艱難時世》等。

19　在基督教《聖經・新約》的末卷《啟示錄》中，巴比倫是聖城耶路撒冷的原型，被描繪成一個女人。人們認為巴比倫暗指先知時代古代世界的首都羅馬。

絲綢、鮮紅色衣料、有節麗松芬芳的裝飾用木材、各種象牙器皿，和用最珍貴的木材以及黃銅、鐵和大理石製作的各種容器。

「還有桂皮、香料、油膏、乳香、葡萄酒、油脂、精製麵粉、小麥、各種野獸、綿羊、馬、雙輪戰車、奴隸和人的靈魂。」

羅馬文明便是以這種方式出現在早期的基督教教徒的面前。但當時基督教本身就是古代世界突出的一部分，而這個古代世界正是羅馬傳給歐洲的。我們繼承的是東地中海文明的兩個方面。

拉丁文學的作用是表現羅馬。當你的想像力可以為英國和法國增加羅馬的背景時，你便具有了堅實的文化基礎。對羅馬的了解會引導你回到地中海的文明，而羅馬曾經是那個文明的最後階段；這種了解也自然在你面前展現出歐洲的地理環境，以及海洋、河流、山巒和平原的作用。青年人在接受教育的過程中學習羅馬文化，其優點是它的具體性、它賦予行動的靈感，以及各種歷史人物一貫的偉大崇高，這種偉大崇高體現於他們的品德和他們在歷史舞台上的表演中。他們有偉大的目標，有高尚的德性，也做出過駭人聽聞的惡行。他們有用強大的力量拯救靈魂於罪孽的價值。如果不能經常目睹偉大崇高，道德教育便無從談起。如果我們不偉大，我們做什麼或結果怎麼樣便無關緊要。現在，對偉大崇高的判斷力是一種直覺，而不

是一種爭辯的結論。青年人在改變宗教信仰的痛苦中感覺自己是一個可憐蟲而不是人，懷有這種感覺是可以的，只要還存在對偉大崇高的堅定信仰，足以證明上帝永恆的懲罰是正當的。對偉大崇高的認識和判斷構成道德的基礎。我們正處在一個民主時代的開端，人類的平等是建立在高水準還是低水準上，這個問題仍有待解決。還從來沒有這樣一個時代，在這個時代裏，青年人更須要保持對羅馬的想像：這種對羅馬的想像本身就是一幕偉大的戲劇，而且會產生比這種想像更偉大的結果。我們現在已深入文學特質的美學欣賞這樣一個題目中。正是在這裏，古典文學藝術教學的傳統需要進行最有力的改革，以適應新的條件。它熱衷於造就優秀的古典文學藝術的學者。舊傳統毫不留情地將最初的階段用於語言學習，然後依靠流行的文學氛圍去獲得文學的愉悅和欣賞。在 19 世紀後半葉，其他學科的課程逐漸侵佔了可以利用的時間。結果常常是時間浪費在毫無成果的語言學習中。我常想，在英國那些偉大的學校裏，許多學生那種令人遺憾的對知識缺乏熱情的表現，其根源就在於這種失敗感。學校中古典文學藝術的課程必須這樣設置，使它能取得一個明確的結果。而在通向充滿抱負的學術理想的路上卻留下了太多失敗的產品。

在對待每一件涉及藝術的工作時，我們必須恰當地處理好以下兩個因素：規模和速度。如果你用顯微鏡去檢查羅馬的聖彼得教堂，那對建築師來說是不公平的；如果你

一天只讀五行《奧德賽》[20]，這部偉大的史詩也會變得枯燥無味。我們現在面臨的正是這樣一個問題。我們正在教的學生，他們的拉丁文知識永遠不會好到使他們能夠很快地閱讀，而要說明的景象又包羅萬象，且跨越了漫長的歷史。對規模和速度，以及對我們工作各部分間相關作用進行細心的研究，似乎應該是必不可少的。我還沒有發現任何從學生心理特點入手論述這一問題的文獻資料。這是共濟會會員的祕密嗎？

我時常注意到，如果在大學者們聚會的時候說起翻譯的話題，這些內容對他們的情緒和感情所起的作用，就好像體面的紳士面對低級下流的性問題一樣。但一個數學家沒有必要擔心丟教師的面子，所以讓我來面對這個問題。

按照我前面一直遵循的這條完整的思路發展，對拉丁文詞彙含義、語法結構連接思想概念的方式，以及對一個主次強調不同的拉丁文句子整句意思的確切領會，構成了我認為是拉丁文學習的價值的重要基礎。因此，教學上的任何模糊不清，以至忽略語言中的精妙細微之處，都使我呈現於你們面前的這一完整的理想目標無法實現。通過使用譯文讓學生儘快擺脫拉丁文，或者避免動腦筋去解讀拉丁文複雜的句法結構，都是錯誤的。精確，明確，以及獨立分析的能力，這些是整個學習中的主要價值所在。

---

20 《奧德賽》(*Odyssey*)，古希臘著名史詩，24卷，12110行，相傳為荷馬所作。

但是，我們依然面臨不可變更的速度問題，以及整個學習課程只有短短的四年或五年這樣的問題。每一首詩都是要在一定的時間內閱讀的。各種對比、形象，還有情緒的轉變必須符合人精神中的節奏變化。它們都有自己的週期，不能超越一定的界限。你們可以看看世界上最崇高的詩歌，如果你以蝸牛的速度慢慢地閱讀它，那麼，美麗的詩歌將不再是藝術作品，而變成了一堆垃圾。想想一個孩子專心閱讀他的功課時他大腦的活動：他讀到「當……」，然後停下來查字典，接着繼續讀下去，「一隻鷹」，然後又停下來查字典，接着還會對句子的結構感到好奇，等等，等等。這會幫助他認識羅馬嗎？當然，常識會要求你去找來最好的文學翻譯，那種最好地保留了原文的魅力和氣勢的譯文；會要求你用正常的速度大聲朗讀它，並附帶作一些評論來解釋文句的含義。對拉丁文的攻擊這時就會受到這樣一種意識的保護，這種意識將生動的藝術作品奉若神聖。

　　但是有人反對說，譯文可悲地低劣於原文。翻譯當然不如原文，正因為此，學生才必須掌握拉丁文原文。當他們掌握了拉丁文後，就可以按適當的速度進行閱讀了。我請求按正確的速度對用翻譯形式給出的詩文整體作最初的認識，按正確的速度對原文整體的全部價值進行最後的欣

賞。華茲華斯[21]曾說到那些「謀殺是為了解剖」的科學家。與他們相比，過去的古典文化學者們始終是名副其實的謀殺者。美感是熱烈而充滿激情的，應該受到應有的尊敬。但我要進一步說明，傳達羅馬視野所需要的全部的拉丁文學，要比學生們在原文中可能達到的境界偉大得多。學生們應該不局限於他們掌握的拉丁文，而努力去閱讀更多的維吉爾、盧克萊修、西塞羅的作品和歷史作品。在研讀一位作家時，所選的拉丁文文本應該能夠充分展示這位作家的整個精神世界，雖然失去了他用母語和他自己的話表述時所具有的那種力量。但是，如果根本不閱讀作家自己寫的作品的原文則是十分有害的。

規模方面的困難主要涉及古典文化歷史的呈現。展現在青年學生們面前的每一種事物必定是來源於特定的和個別的事例。然而，我們卻想說明整個時期的一般特徵。我們必須讓學生們通過接觸來學習。我們可以用圖片等直觀的視覺資料來展現過去的生活方式。有各種建築的照片、各種雕像或鑄像，以及花瓶或濕壁畫上的圖案，它們展現了富於宗教色彩的神話故事或家庭生活的場景。通過這種方法，我們可以將羅馬與羅馬時代之前的東地中海文明進行比較，將羅馬與後來的中世紀時期進行比較，使孩子們

21　威廉・華茲華斯 (William Wordsworth，1770－1850)，英國浪漫主義詩人和桂冠詩人，其作品主題多為人與大自然的關係。

了解古人如何在他們的外貌、他們的住宅、他們的工藝、他們的藝術，以及他們的宗教信仰方面發生了變化，這是十分重要的。我們必須仿效動物學家們的做法，他們掌握動物世界的完整知識，他們通過說明特例來進行教學。我們也應該這樣做，展現羅馬在歷史中的地位。

人類的生活建立在技術、科學、藝術和宗教上，而技術、科學、藝術和宗教是互相聯繫的，它們來自於人類的智慧。但是，在科學和技術之間，同樣，在藝術和宗教之間，卻有着特殊的密切關係。不了解這四個基本的要素，就不可能了解任何一種社會結構。現代社會的一台蒸汽機可以完成古代社會一千個奴隸從事的勞動。奴隸掠奪是大部分古代社會帝國統治和勢力擴張的關鍵因素。現代化的印刷機是現代民主的一個必不可少的附屬物。現代社會智力發展的關鍵是科學的不斷進步，以及隨之而來的思想觀念的轉變和技術的進步。在古代世界，美索不達米亞和埃及王國由於水利灌溉系統發達而繁榮昌盛。而羅馬帝國的存在是由於它出色地利用了到那時為止世界所擁有的各種技術：道路系統、橋樑、溝渠排水系統、涵洞、污水管道系統、宏偉的建築、組織良好的商船隊、軍事科學、冶煉術，以及農業。這是羅馬文明得以保持完整並擴展的奧祕所在。我常想，為什麼古代羅馬的工程師們沒有發明出蒸汽機。他們本來是可以隨時做出這項發明的，若真如此，世界歷史會是一幅多麼不同的圖景。我把原因歸於這樣一

個事實，羅馬人生活在一種溫暖的氣候環境裏，他們沒有引進茶葉和咖啡。在 18 世紀，有成千上萬的人坐在爐火邊，注視着他們的茶壺在爐火上冒汽沸騰。我們當然都知道亞歷山大的希耶羅（Hiero）曾做出過某種不足道的預測，所缺少的只是羅馬工程師們應該在注視茶壺沸騰這樣極其普通的過程中，對蒸汽的推動力留下深刻的印象。

考察人類的歷史，必須注意它與獲得技術進步的推動力之間的恰當關係。在過去的一百年裏，先進的科學與發達的技術結合，從而開闢了人類歷史的新紀元。

同樣，在公元前約一千年，當寫作的藝術終於推廣開來時，第一個偉大的文學時代開始了。在它最初朦朧的起源時期，這種寫作技巧已用於傳統的僧侶信仰表白書的慣用套語，以及正式場合的官方文件記錄和編年紀事。如果認為過去人們一開始就能預見到一項新發明的影響範圍，那就大錯特錯了。即便在今天，當我們經過訓練對各種可能的新思想進行認真思考時，情況也不是這樣。但是在過去，由於不同的思維趨向，新思想緩慢地滲入社會體系之中，於是，作為促進個人保留新思想的一種手段，寫作慢慢地在東地中海沿岸為人們所掌握。當希臘人和希伯來人完全掌握了寫作這種藝術時，人類文明出現了新的轉變；儘管希伯來精神的普遍影響延遲了一千年，一直到基督教時代的到來，但是，希伯來的先知們就是在這個時候記錄他們內心的思想，而這時希臘文明正在開始形成。

我想說明的是，在大的範圍裏探討了解羅馬所需的歷史背景知識時，符合我們歷史傳統規模的那種對政治事件的連貫記載完全不存在了。甚至文字的說明在一定程度上也不為人們所注意。我們必須利用模型、圖片、示意圖和圖表來展示典型的例證，以說明技術的發展及其對現代生活方式的影響。同樣，藝術在它與功利和宗教的奇特結合中，既表達真實的充滿想像力的內心生活，又通過藝術的表現而改變它。孩子們可以通過模型和圖片，有時還可以通過觀賞博物館中的實物來了解過往時代的藝術。探討過去的歷史絕不能從抽象概括的一般敍述開始，而應該通過具體的實例，展現從一個時代到另一個時代，一種生活方式到另一種生活方式，一個種族到另一個種族那緩慢交替的發展進程。

　　當我們討論東地中海的文學傳統和歷史時，我們同樣也必須用這種處理具體實例的方法。在你開始考慮這個問題時，對古典文化重要性的全部要求是建立在這樣的基礎上，即沒有任何東西能夠代替直接的知識。只要希臘和羅馬是歐洲文明的奠基者，歷史知識就首先是一種關於希臘人和羅馬人的思想的直接知識。因此，要將羅馬的圖景置於一個適當的位置。我竭力主張學生們一開始就應該閱讀一些希臘文學作品，當然是翻譯作品。但我寧願選希臘人原作的譯文，而不是某位英國人寫的談論希臘人的文章，無論他寫得多麼好。談論有關希臘的書應該在掌握了希臘

的直接知識之後閱讀。

　　我所說的這種閱讀是指讀用韻文翻譯的《奧德賽》，希羅多德[22] 的部分作品，一些由吉爾伯特·默里[23] 翻譯的古典希臘戲劇中合唱隊解釋劇情的朗誦詞，普盧塔克[24] 寫的傳記作品，特別是關於阿基米德[25] 在馬塞盧斯[26] 執政時的那部分生活，還有歐幾里得[27]《幾何原本》中的一些定義、公理和一兩個命題，但要讀希思（Heath）翻譯的那種準確的學者式的譯文。對所有這些材料要適當有一些解釋，說明作者的內心世界。羅馬在歐洲世界中所處的這種絕妙的地位來自這樣一個事實：它留給我們一份雙重的遺產。羅馬接受了希伯來文化的宗教思想，又將這種思想與希臘文明融為一體，傳給歐洲。羅馬本身代表着在各種紛亂活躍的不

22　希羅多德（Herodotus，公元前 484？—前 430 至 420），古希臘歷史學家，被稱為「歷史之父」，所著九卷《歷史》是古代世界第一部記敘體的偉大史書。

23　吉爾伯特·默里（Gilbert Murray，1866 — 1957），英國古典文學學者，希臘文教授，著有《希臘史詩的興起》、《希臘宗教的五個階段》等。他用押韻的詩句翻譯古希臘戲劇作品，再現古希臘詩歌的韻律。

24　普盧塔克（Plutarch，約 46 — 120），古希臘傳記作家，著有《希臘羅馬名人比較列傳》、《道德論叢》等。他的文筆典雅流暢，對 16 至 19 世紀歐洲作家和歐洲散文、傳記、歷史著作的發展曾產生巨大的影響。

25　阿基米德（Archimedes，公元前 287？—前 212/211），古希臘數學家、物理學家、天文學家和發明家。

26　馬塞盧斯（Marcellus，約公元前 268 —前 208），羅馬名將，曾於公元前 222年、214 年、210 年和 208 年多次任執政官。

27　歐幾里得（Euclid，活動時期約公元前 300 年），古代傑出的數學家，著有《幾何原本》、《論圖形的剖分》、《光學》等。

同元素中留下的組織和統一的印記。羅馬法通過對帝國鐵一般的結構中人性隱私權的那種斯多葛式的敬重，體現出羅馬偉大崇高的奧祕。歐洲總是因為它繼承的傳統中具有各種不同的爆發性的特質而分裂，又因為它永不能擺脫從羅馬繼承來的那種完整統一的影響而趨於聯合。歐洲的歷史是羅馬控制希伯來人和希臘人的歷史，希伯來人和希臘人受着不同的宗教、科學、藝術、追求物質享受和支配慾的驅動，而這一切都處於勢不兩立的狀態中。羅馬的夢想就是文明大一統的夢想。

6 / 大學及其作用

I

現代社會生活的一個顯著特點是大學的蓬勃發展。所有的國家都分享了這個發展運動，而美國發展最盛，它也因此享有了特殊的榮譽。然而，天賦的好運甚至可能會破壞這種運動；大學的這種發展，譬如在學校數量、學校規模以及內部組織的複雜性方面，暴露出某種危險：由於對大學服務於國家時應起的主要作用缺乏廣泛的了解，大學的基本作用可能會遭到破壞。關於必須重新考慮大學的作用的這些評論，適用於那些比較發達的國家，特別是美國，因為美國已經在這樣一種教育發展中處於領先地位，這種發展如加以正確明智的引導，可望成為迄今人類文明向前邁出的最幸運的一步。

本文將只探討一些最普遍的原理，雖然任何一所大學裏不同的系科都會有無以計數的特殊問題。不過，普遍性還須有例證說明，為此，我選擇一所大學的商學院。我之所以選商學院是基於這樣的事實：商學院代表了大學教學實踐活動中比較新的發展。商學院也與在現代國家中佔主導地位的社會活動有着更為特殊的關係，正因為此，它也是說明大學教育活動影響國民生活方式的很好的例證。在我有幸執教的哈佛大學，一座規模宏偉的商學院的嶄新的

地基工程也已竣工了。

在世界為數不多的這樣一所名牌大學裏，在這座規模宏大的商學院的教育培訓中，會有某種新穎的內容。它標誌着一個發展運動的高潮，在過去的許多年裏，這個運動已經在全美國大學裏引進了這種類似的系科。這是大學裏的一個新事物，它本身就可以證明對大學教育的目的，以及對該目的於整個社會的福利所具有的公認重要意義進行普遍思考的正確性。

對商學院的新穎之處絕不可過分誇大，大學從來就沒有局限於純粹的理論學習。歐洲最古老的大學，意大利的薩勒諾大學[1]便是一所以培養醫學人才為主的學校。在英國的劍橋，1316年成立了一座專門的學院培養「為國王服務的人」。大學已經培養了神職人員、醫生、律師和工程師。現在，商業已成為一種高度知識化的行業，因此，它可以很自然地進入這個行列。然而，仍有這樣一種新穎之處：適合商學院的課程以及這種學校裏各種不同的活動方式仍處於實驗階段。所以，重提與建立與這種學校有關的一般原則是特別重要的。不過，如果我開始考慮細節，甚至開始考慮影響整個教育平衡的種種政策，在我這方面來

---

1 薩勒諾大學 (The University of Salerno)，設於意大利南部薩勒諾的高等學府，其前身可追溯到位於薩勒諾的中世紀最早和規模最大的醫科學校。早在11世紀，該校已吸引了來自全歐洲以及亞洲和非洲的學生。某些學者稱這所學校為中世紀歐洲的第一所大學。

說，這會是一種推測。我對這類問題缺乏專業知識，因此不可能給予忠告。

II

大學是實施教育的機構，也是進行研究的機構。但大學之所以存在，主要原因並不在於僅僅向學生們傳播知識，也不在於僅向教師們提供研究的機會。

除了那些非常昂貴的教育設施機構外，大學的這兩種功能都可以花較低廉的費用完成。書籍價格便宜，對學徒訓練制度也有了很好的認識。單就傳授知識這個作用來說，自從15世紀印刷術普及以來，可以說大學已經沒有任何存在的理由了。然而，建立大學的主要動力正是出現在15世紀之後，在近代更有發展的趨勢。

大學存在的理由是，它使青年和老年人融為一體，對學術進行充滿想像力的探索，從而在知識和追求生命的熱情之間架起橋樑。大學確實傳授知識，但它以充滿想像力的方式傳授知識。至少這是它對社會所應起的作用。一所大學若不能發揮這種作用，它便失去了存在的價值。這種充滿想像力的探索會產生令人興奮的環境氛圍，知識在這種環境氛圍中會發生變化。某一個事實不再是簡單的事實：它具有了自身所有的各種可能性，它不再是記憶的一個負擔：它充滿活力，像詩人一樣激發我們的夢想，像設計師一樣為我們制定目標。

想像不能脫離事實：它是闡明事實、使事實多彩的一種方式。想像是這樣發生作用的：它引導出適用於種種存在的事實的普遍原理，然後對符合這些普遍原理的各種供選擇的可能性進行理智的思考。它能使人們面對一個新世界時建構起一幅知識的圖景，並通過展現令人滿意的效果而使人們保持探索生命的熱情。

　　青年人富於想像力，如果通過訓練來加強這種想像力，那麼這種富於想像的活力便很可能保持終生。人類的悲劇在於，那些富有想像力的人缺少經驗，而那些有經驗的人則想像力貧乏。愚人沒有知識卻憑想像辦事；書呆子缺乏想像力但憑知識行事。而大學的任務就是將想像力和經驗融為一體。

　　在充滿青春活力的階段對想像力進行最初的訓練時，不要求對直覺的行動承擔責任。當人們每天都要保持一種具體而有形的條理組織時，就不可能養成無偏見的思維習慣，而從普遍原理認識完美的各種範例正是憑藉這種無偏見的思維習慣。你必須能夠不受干擾地進行正確的甚至錯誤的思考，能夠自由地去鑒別未受各種危險因素干擾的大千世界的方方面面。

　　這種對大學一般作用的思考和見解可以很快地用一所商學院的特殊作用來加以說明。我們無須害怕這樣的說法，即一所商業學校的主要作用就是培養具有較高經商熱情的人才。認為追求生活是因為以狹隘的物質享受為平庸

的目的，這種看法是對人性的污衊。人類以自己天賦的開拓精神，並通過許多其他的方式，宣告這種謊言的虛妄性。

在現代複雜的社會組織中，生活的探險不能與知識的探險分離。在比較簡單的環境裏，探險者可以憑本能從山頂直奔他視野所及的地方。但是，在複雜的現代商業結構中，任何成功的改組都必須在分析方面和富有想像力的重建方面進行知識的探險。在一個比較簡單的世界中，商業關係建立在人與人直接交往的基礎上，建立在與一切有關的物質環境直接對抗的基礎上，因此這種關係比較簡單。今天，商業組織需要富於想像力地去掌握從事不同職業的人們的心理；需要掌握那些散佈在城市、山區、平原以及海上、礦井和森林中的人們的心理。商業組織需要充滿想像力地去了解熱帶地區和溫帶地區的氣候條件和環境，了解大組織間密切相關的利益以及整體對其構成部分的變化的反應。它需要充滿想像力地去理解政治經濟學的原理，不僅僅從理論上，還要具備根據具體商業活動的特殊情況解釋這些原理的能力。它需要具備某些有關政府行為的知識，並了解這些行為在各種不同條件下的變化。它需要用一種充滿想像力的眼光去認識任何人類組織的約束力，用一種富有同情心的眼光去認識人性的局限和激發人們忠誠服務的條件。它需要一些有關養生之道、疲勞規律和保持持久耐力的健康條件的知識。它需要充滿想像力地去了解工廠的狀況對社會的影響。它需要對應用科學在現代社會

中的作用有充分的了解。它需要對人的性格進行那樣的訓練，使他對周圍的人做出「是」或「否」的回答時不是出於盲目的固執，而是出於對相關可選擇的方案進行自覺評價後得到的明確答案。

大學培養了我們這個文明世界的知識分子先鋒——神父、律師、政治家、醫生、科學家和文學家。這些知識分子始終是理想的源泉，這些理想引導人們勇敢地去面對時代的困擾。我們信奉清教的先輩移民離開英國去建立他們宗教信仰中的理想社會；他們在早期移民階段採取的一個行動，就是在馬薩諸塞州東部的坎布里奇創建了哈佛大學。這所大學便源於英國那種古老的理想，我們的先輩移民中有很多人就是在這所大學中接受了教育。商業經營現在需要有與過去其他行業中相同的那種智慧的想像；而大學就是這樣的組織，它為歐洲民族的進步提供了這種充滿智慧的想像力。

在中世紀初期，大學的起源模糊不清，幾乎沒有引起人們的注意。大學是處於一種漸進的、自然的發展中。然而，大學的存在卻使歐洲在如此眾多的領域裏取得了持續快速的進步。通過大學的推動作用，行動的探險與思想的探險相匯合。本來不可能事先預言這種大學組織會取得成功；即便是在今天，在所有涉及人類事務的諸種不完美之中，有時也很難理解大學的工作是如何取得成功的。大學的工作中當然存在着巨大的失敗，但是，如果我們用一種

寬廣的視野來看待歷史，我們會發現，大學的成就始終是引人注目的，也幾乎是始終如一的。意大利、法國、德國、荷蘭、蘇格蘭、英格蘭以及美國的文化發展史證明了大學的作用。說到文化發展史，我並非主要考慮學者們的生活；我是指那樣一些人的充滿活力的生活——他們給法國、德國和其他國家帶來了人類所取得的各種成就的深深的印記，加上他們追求生命的熱情，這構成我們愛國主義精神的基礎。我們願意成為這樣一種社會的成員。

有一個巨大的困難妨礙了人們從事各種高級的智力活動。在現代社會，這種困難更可能產生危害。在任何一種龐大的組織中，那些比較年輕的新手必須從事這樣一類工作：遵照他人的吩咐去做固定的工作。沒有一個大公司的董事長會在自己的辦公室門口接見他手下最年輕的僱員，然後分派他去做公司裏責任最大的工作。年輕人通常要按規定的程序去工作，他只是在進出辦公大樓的時候才能偶爾看見自己的董事長。這樣的工作是一種不同尋常的訓練。它可以傳授知識，造就可信賴的品格；而且，它是適合初參加工作的青年人的唯一的工作，是他們受僱要去做的工作。對這種符合慣例的做法不會有任何批評，但它卻可能導致一種不幸的後果——長時間按固定的程序工作使人的想像力變得遲鈍。

這種做法的結果是，對一個人職業生涯的成熟階段來

說至關重要的各種素質，往往在他開始做這個工作後不久就被扼殺了。這只不過是一個例子，說明了一個更普遍的事實：人們所需要的優秀的技術素質只能通過一種訓練來獲得，而這種訓練卻常常破壞了那些本應指導專門技藝的大腦的活力。這是教育中的至關重要的事實，也是教育中大部分困難之所以存在的原因。

大學教育在為腦力勞動的職業 —— 如現代商業或某些傳統的需要專門知識的職業 —— 做準備時應起這樣的作用：促進對構成該職業基礎的各種一般原理做富於想像力的思考。這樣，受過大學教育的學生在進入專業技術的學徒訓練期時，他們已經鍛煉了那種富於想像的思維能力，即把具體事實與普遍原理相結合。於是，這種固定的程序便具有了它的意義，也為賦予它意義的各種原理增添了光彩。因此，受過正確訓練的人有希望獲得一種經過複雜事實和必要行為習慣訓練的想像力，而不是一種單調乏味的工作所帶來的盲目的經驗。

因此，大學的恰當的作用是用充滿想像力的方式去掌握知識。除去這種想像力的重要意義外，商人以及其他專業人員沒有理由不應該一點一點地掌握他們在特殊場合會需要的事實。一所大學是充滿想像力的，否則它便什麼也不是 —— 至少毫無用處。

III

想像具有感染力而且能夠迅速地蔓延，它不能用尺碼或磅秤衡量，然後由教師分配給學生。它只能由那些本身就充滿想像地探索學術知識的教師去傳播。我這樣說只是重複一個最古老的現象。兩千多年前，我們的先輩用代代相傳的火炬象徵知識。那個光明的火炬就是我所說的想像力。組織建設一所大學的全部藝術就是擁有這樣一支教師隊伍，他們的學術知識為想像之光所照亮。這是大學教育中最關鍵的問題；如果我們不加以注意，錯誤地處理這個問題，那麼，最近大學在學生數量和各種活動方面的飛速發展——我們有充分理由為此而感到驕傲——就不會產生正確的結果。

想像與學習的結合通常需要一定的閒暇，需要擺脫限制或約束，擺脫時時侵擾我們的煩惱，還需要各種經驗，以及具有不同見解和不同才能的人給予激勵。此外還需要有求知的興奮，以及自信心，這種自信心源於對周圍社會掌握先進知識取得的成就所感到的驕傲。你不能一勞永逸地擁有想像力，然後無限期地將它保存在冰箱裏，定期按規定的量支出。充滿學問和想像力的生活是一種生存方式，而不是一件商品。

我們要為一支高素質的教師隊伍提供這些條件並使他們利用這些條件，正是在這方面，教育和研究這兩種功能在大學裏交會融合。你想讓你的教師們富於想像力嗎？那

就鼓勵他們去從事研究工作。你想讓你的研究人員充滿想像力嗎？那就引導他們去支持青年人在生命最充滿熱情和想像力的階段去探索知識，在這個階段，那些知識英才們正開始進入他們成熟的訓練。讓你的研究人員對那些活躍敏捷的大腦闡述自己的見解，要面對世界富於創造性地闡述見解；讓你的年輕學子們通過與那些天生具有智力探險經驗的人接觸交往，圓滿結束他們在大學的求學生活。教育是訓練對於生活的探險；研究則是智力的探險。大學應該成為青年和老年人共同參與的探險活動的家園。成功的教育所傳授的知識必有某種創新。這種知識要麼本身必須是新知識，要麼必須是在新時代新世界裏的某種創新的運用。陳舊的知識會像魚一樣腐爛。你可能會討論某種說明過時原理的陳舊知識；但是，不管怎樣必須設法使它在某種程度上對現實具有重要的新意，就像剛出水的魚一樣鮮活地呈現在學生面前。

學者的作用就是在生活中喚起智慧和美，假如沒有學者那神奇的力量，智慧和美還湮沒在往日的歲月中。一個不斷前進的社會必須包括三種人：學者，發現者和發明創造者。社會的進步還取決於這樣一個事實，即在這個社會裏，受過教育的大眾都應該同時具備某種學識水平以及某種發現和發明創造的能力。我這裏用「發現」這個詞，是指在具有高度普遍性原理方面的知識進步；我所說的「發明創造」是指普遍原理以特殊方式應用於當前需要方面的

知識進步。很顯然，這三種人是融合在一起的，而且那些參與日常實際事務的人，就他們對社會進步所做的貢獻而言，也可以稱為發明創造者。但是，每一個個人都有自己局限性的作用和他自己特殊的需要。對一個國家來說，重要的是它的各種類型的進步因素之間應該存在一種極為密切的關係，因此學習可能影響市場，市場也可能影響學習。將各種進步的活動融合成促使社會進步的有效工具，大學是完成這一任務的主要機構。當然，大學並不是促使社會進步的唯一機構，但這是一個不爭的事實：今天，凡是那些不斷前進的國家，它們的大學教育都在蓬勃地發展。

但是，我們絕不能認為，大學以創新思想的形式生產的產品只能通過發表署有作者姓名的論文和著作來衡量。人類生產精神產品的方式正如他的思想內容一樣富於個性。對某些思想極為豐富的人來說，用文字寫作或以書面形式闡發自己創造性的思想似乎是不可能的。在任何一個教師群體中，你都會發現一些傑出的教師不屬於那些發表論文專著的人之列。他們創造性的思想須要通過講演或個別討論的形式，在與學生的直接交流中得到闡發。這些人對人類的發展有過巨大的影響；然而，當他們的學生過世後，他們也與無數對人類有恩卻未得到感謝的人長眠在一起。幸運的是，

他們中有一位流芳百世，那就是蘇格拉底[2]。

因此，根據署名發表的作品來評價一位教師的價值是極其錯誤的，而今天在某種程度上卻出現了這種錯誤的傾向。因此，我們必須堅決反對權威管理機構那種有損效率和對無私的熱情採取不公正的態度。

但是，在考慮了所有這些情況後，對教師羣體總效率的一種恰當的評估方法是，從總體上看它以論文專著形式所體現的在思想方面的貢獻。這種貢獻應以思想的價值而不是以字數來衡量。

這種研究表明，管理一所大學的教師隊伍與管理一個商業組織決然不同。教師的意見以及對大學辦學目標的共同熱情是辦好大學的唯一有效的保證。教師隊伍應該由一羣學者組成，他們互相激勵，同時又自由地決定各自不同的活動。你可以確保某些形式上的規定和要求，如在規定的時間講課，教師和學生要到課。但問題的本質是不要受任何規定的限制。

公正對待教師與這個問題關係不大。在涉及工作時間和工資待遇的任何一種合法條件下，僱用一個人讓他提供合法的服務，這是完全公平的。誰也不必違背自己的願望

---

2 蘇格拉底（Socrates，約公元前470—前399），古希臘雅典哲學家和教師，與柏拉圖和亞里士多德共同奠定了西方文化的哲學基礎。蘇格拉底一生沒有寫過什麼著作，有關他的思想和學說的資料主要見於柏拉圖的幾篇對話錄和色諾芬的《回憶錄》。

去接受不想應聘的教職。

唯一的問題是，什麼樣的條件會使我們擁有辦好一所大學所需的那種教師隊伍？危險在於很容易產生完全不合格的教師——那些效率高的學究和蠢人。而公眾只是在大學阻礙了青年人的發展前途很多年以後才發現優秀教師和不合格教師之間的差異。

只有當最高管理機構採取克制，牢記不可用管理普通商業公司的條例和政策來管理大學，那時，我們偉大民主國家的現代大學教育體制才能夠取得成功。大學教育體制中的商業學校也不能違背這個規律。對於美國許多大學的校長們最近在公開場合就這個問題發表的意見，我確實沒有什麼可補充的了。但不管是在美國還是在其他國家，公眾中實際起作用的那部分人看來未必會聽從他們的忠告。說到一所大學的教育，它的核心問題是使青年學子們在知識和智力發展方面受一批充滿想像力的學者們的影響。經驗證明，我們必須對產生這種學者的各種條件給予適當的注意。

IV

就歷史悠久和地位顯貴來說，歐洲兩所主要的大學是巴黎大學和牛津大學。我將討論英國的情況，因為我對它最了解。牛津大學可能在許多方面犯過錯誤，但儘管她有很多不足之處，在悠悠歲月中，她始終保持着一種至高無

上的榮譽，相比之下那些細小的失敗就微不足道了。這個至高無上的榮譽便是，牛津大學自誕生之日起，幾百年來她造就了一批批的學者，他們對學術知識進行充滿想像力的探索。僅憑這一點，凡熱愛文化的人想起牛津大學，無不對她滿懷着深深的感情。

然而，我沒有必要跨越大西洋來尋找這種例證。從某種意義上說，《獨立宣言》的作者傑弗遜[3]先生有資格被稱為最偉大的美國人。他的各種成就無疑使他躋身於人類歷史上為數不多的偉人之列。他創建了一所大學，並運用他的部分天才的創造力，將這座大學置於能夠激發想像力的環境之中——優美的校舍建築和優美的環境，以及對知識能力和組織機構的各種其他的激勵。

在美國還有許多其他的大學可以說明我的道德價值觀念，但我最後要說的是哈佛大學——清教徒運動時期的有代表性的大學。17 世紀和 18 世紀美國新英格蘭的清教徒們是最富有想像力的人，他們克制外向的表達，害怕形體美的象徵意義；但某種程度上，他們在內心深處苦苦地思考着人類理智想像出來的精神世界的真理。在那個時代，

3　托馬斯·傑弗遜（Thomas Jefferson，1743 — 1826），美國第三任總統，政治家和哲學家，《獨立宣言》的主要起草人。他自幼接受古典教育，懂拉丁語、希臘語、法語等數種語言，熱愛科學和藝術，是當時著名的學者，著有《弗吉尼亞紀事》。晚年他回到家鄉，親自設計校舍，聘請教授，設置課程，創建了弗吉尼亞大學。

信奉清教的教師們一定是充滿想像力的，他們造就了那些舉世聞名的偉人。在以後的歲月中，清教主義變得溫和了，到了新英格蘭文學的黃金時代，愛默生[4]、洛威爾[5]和朗費羅[6]為哈佛帶來了深遠的影響。然後，現代科學的時代慢慢出現，而在威廉・詹姆斯[7]身上，我們又發現了那種典型的充滿想像力的學者。

今天，商業進入了哈佛；這所大學所要奉獻的禮物是那古老的想像力，那代代相傳的光明的火炬。這是一個危險的禮物，它引起過多次大火。如果我們在這種危險面前表示膽怯，那麼恰當的做法就是關閉我們的大學。想像力常常是那些傑出的商業民族具有的天賦才能 —— 希臘、佛羅倫薩、威尼斯，荷蘭的學術和英國的詩歌。商

4　拉爾夫・沃爾多・愛默生 (Ralph Waldo Emerson，1830 — 1882)，美國散文家、思想家和詩人，畢業於哈佛神學院，著有《論自然》、《論美國學者》、《人生的行為》等。愛默生是美國 19 世紀新英格蘭超驗主義文學運動的領袖，對美國文學的發展產生過巨大的影響。

5　詹姆斯・拉塞爾・洛威爾 (James Russell Lowell，1819 — 1891)，美國詩人、評論家和散文作家，1838 年畢業於哈佛大學。他是新英格蘭文人的典型代表，博學而有教養，著有詩集《生命中的一年》和論文集《在我的書海中》等，在提高美國人對文學的興趣方面起了很大作用，為美國文壇的一代宗師。

6　亨利・沃茲沃思・朗費羅 (Henry Wadsworth Longfellow，1807 — 1882)，19世紀最著名的美國詩人，哈佛大學語言學教授，著有《海華沙之歌》等。他晚年訪問英國，獲劍橋大學和牛津大學榮譽博士學位；逝世後兩年，倫敦威斯敏斯特教堂的「詩人之角」安放了他的胸像，他是第一位享有如此殊榮的美國詩人。

7　威廉・詹姆斯 (William James，1842 — 1910)，美國哲學家和心理學家，哈佛醫學院醫學博士，著有《心理學原理》等。

業與想像力共同繁榮興旺。這是任何人都會為他的國家祈盼的一份禮物，他們盼望國家獲得雅典那種不朽的偉大和崇高：——

雅典的公民，那偉大的民族，
他們立於過去，統治着現在。

美國的教育也要追求這種崇高的理想。

自述生平

　　我於 1861 年 2 月 15 日出生於英格蘭肯特郡薩尼特島上的拉姆斯蓋特。我的家人，即我的祖父、父親、叔伯和我的兄弟們都從事與教育、宗教和地方行政管理有關的工作。祖父出身於謝佩島的自由民家庭，他可能是英國基督教新教公誼會教徒喬治・懷特海的後代，喬治・福克斯 [1] 在他的《議事錄》中曾提到，喬治・懷特海 1670 年居住在謝佩島。1815 年，我祖父托馬斯・懷特海在他 21 歲時成為薩尼特島拉姆斯蓋特當地一所私立學校的校長；1852 年，我父親阿爾弗雷德・懷特海也在他 25 歲的青春年華接任祖父的職務。祖父和父親都是出色的校長，但祖父的聲望更高些。

　　大約在 1860 年，我父親被委任為英國聖公會教會的牧師；在 1866 年或 1867 年，他放棄了學校的工作，去從事神職，先是在拉姆斯蓋特，然後於 1871 年被任命為聖彼得堂區的教區牧師。聖彼得堂區是一個大教區，大部分在鄉村，它的教堂距拉姆斯蓋特兩三英里，北福蘭角就屬於這個教區。父親一直在那裏工作，直到 1898 年去世。

　　父親成為肯特郡東部地區神職人員中一位有影響的人

1　喬治・福克斯 (George Fox，1624 — 1691)，英國基督教公誼會創始人。

物，擔任鄉村主任牧師、坎特伯雷名譽大教堂教士和主教區會議的教士代表。但他的影響主要是緣於島上普通民眾對他的愛戴。父親始終對教育工作抱有極大的熱情，他每日都要巡視堂區內的三所學校，即幼兒學校、女子學校和男生學校。我小時候，也就是在 1875 年離家上學前，常常陪伴他。父親是一個關注地方事務並在當地有影響的人。如果不了解這些管轄教省的人物，你就不可能理解 19 世紀英格蘭的社會史和政治史。那時在英格蘭，人物的個性影響起主導作用：當然，這並不是指「才智非凡的人」。

我父親並不聰明，但他有個性。泰特大主教[2] 在父親管轄的堂區內有自己的消夏莊園，他和他的家人成了我父母的好朋友。泰特大主教和我的父親顯示了流傳下來的 18 世紀優雅（和衰退）的一面。因此，在那段時間裏，我通過觀察我的祖父、父親、泰特大主教、摩西·蒙特斐奧雷爵士[3]、普金家族（the Pugin family）和其他人，無意識地看到了英格蘭的歷史。堂區內浸禮會教派的牧師臨終前，是父

2　阿奇博爾德·坎貝爾·泰特（Archibald Campbell Tait，1811 — 1882），英國坎特伯雷大主教，在牛津大學求學期間加入聖公會。他於 1856 年任倫敦主教，1868 年任坎特伯雷大主教。

3　摩西·蒙特斐奧雷爵士（Sir Moses Montefiore，1784 — 1885），著名的猶太慈善家，出身於意大利猶太商人家庭，幼年隨家遷居英國。他從事過多種慈善事業，後在肯特郡拉姆斯蓋特附近逝世。

親前去為他誦讀《聖經》。這就是昔日的英格蘭，由地方上那些懷有強烈對立情緒和親密感情的紳士們治理。往日社會的這幅圖景也是我對歷史以及教育產生興趣的一個原因。

我在這方面受到的另一個影響，是來自於遍佈這個地區的許多美麗的古代文化遺跡。宏偉的坎特伯雷大教堂使人夢懷縈繞，它就坐落在距此 16 英里遠的地方。此刻當我寫這篇自述時，彷彿可以看見貝克特大主教 [4] 公元 1170 年殉難的地點，我還能夠回憶起我年輕時怎樣在自己的想像中描繪出貝克特當時慘遭殺害的情景。這裏還有「黑王子」愛德華 [5] 的陵墓（他於 1376 年逝世）。

然而，就在離我家更近的地方，在薩尼特島內或島外不遠的地方，英國歷史留下了各種遺跡。這裏矗立着羅馬人修建的里奇伯勒城堡（Richborough Castle）那高大的城垣，還有撒克遜人和聖奧古斯丁登陸的埃貝斯弗利特（Ebbes Fleet）海岸。在離海邊一英里左右的內陸地區就是敏斯特村，那裏有精美的修道院大教堂，依然保留着羅

4　聖托瑪斯·貝克特（Saint Thomas Becket，1118－1170），曾任英格蘭國王亨利二世的樞密大臣，後任坎特伯雷大主教。他長期與亨利二世不和，因反對亨利二世控制教會事務，於 1170 年被殺害於坎特伯雷大教堂內。

5　「黑王子」愛德華（Edward The Black Prince，1330－1376），英王愛德華三世之子和王位繼承人，綽號「黑王子」，在英法百年戰爭中率英軍大敗法軍，戰功卓著。他死後葬於坎特伯雷。

馬人石造工程的某種特色，但主要是壯麗的諾曼式建築風格。聖奧古斯丁就在這裏做了他的第一次佈道。確實，薩尼特島上有很多諾曼式風格的教堂和其他中世紀風格的教堂，這些教堂都是由敏斯特的修道士們建造的，建築和風格之精美僅遜於他們自己的大教堂。我父親管轄的那座教堂便是其中之一，具有諾曼風格的中殿。

里奇伯勒城堡的那一邊是桑威奇鎮。在那個時代，桑威奇保留着 16 世紀和 17 世紀的面貌，街道兩邊排列着佛蘭德斯式樣的房屋。據鎮地方志中記載，鎮上的居民為了制止港口泥沙淤塞，曾從低地國家[6]請來「在供水工程方面技術熟練的」工匠。但遺憾的是他們失敗了，因此，桑威奇鎮從那時候以來一直沒有發展。在 19 世紀後半葉，人們修建了一座高爾夫球場，那是英格蘭最好的高爾夫球場之一，小城於是又恢復了生機。羅馬人和撒克遜人的遺跡，奧古斯丁和中世紀僧侶們的遺物，還有都鐸王朝和斯圖亞特王室遺留下來的那些海船，置身於這樣的環境中，我有一種褻瀆神聖的感覺。而高爾夫球場似乎是這個故事的平庸的結尾。

1875 年，在我 15 歲[7]時，父母送我到英格蘭南端多塞特郡的舍伯恩學校去讀書。這裏歷史文物更加豐富。今年

6　指西歐的荷蘭、比利時和盧森堡。

7　原文如此。懷特海生於 1861 年 2 月 15 日，此時他已度過 14 歲生日。

（1941 年）這所學校要舉行它一千二百週年校慶。它的歷史可以追溯到聖奧爾德海姆[8]，據說阿爾弗烈德大王[9]曾是這所學校的學生。學校佔據着隱修院的建築，校園以現存最宏偉的那些大修道院中的一座為界，院中有撒克遜親王們的陵墓。我在學校最後的兩年，修道院院長的房間（我們想那是院長的房間）便是我個人使用的書齋；我們在寺院鐘聲迴盪的環境中學習，這些鐘是由亨利八世從金縷地[10]帶來的。

我寫下這麼多是為了用實例說明，在 19 世紀後半葉，英國南方的知識階層那富於想像力的生活是如何形成的。我自己的經歷也毫不例外。當然，各人的情況有所不同，但這種方式對於生活在教省中的人來說基本上是一樣的。

這段敘述與我寫這篇小小的自傳還有另一層關係。它表明，歷史傳統是如何通過對自然環境的直接體驗代代相傳繼承下來的。

就知識這方面來說，我所受的教育也符合那個時代的

---

8 聖奧爾德海姆 (St. Aldhelm，約 639 — 709)，西撒克遜馬姆斯伯里隱修院院長，他是 7 世紀韋塞克斯最博學的教師，著有許多拉丁詩文流傳至今。他於 705 年任舍伯恩主教。

9 阿爾弗烈德大王 (Alfred the Great，849 — 899)，英格蘭西南部韋塞克斯王國國王，曾率軍擊敗丹麥入侵者。他在位時下令編纂《盎格魯－撒克遜編年史》，他促進了英國學術和文化的發展。

10 金縷地位於法國加來附近，英王亨利八世和法王弗蘭西斯一世於 1520 年 6 月 7 日至 24 日曾在這裏會見，法王為亨利八世修建了豪華的行宮。

正常標準：10 歲開始學習拉丁文，12 歲開始學希臘文。我記得，一直到 19 歲半，除了節假日外，我們每天都要翻譯幾頁拉丁文和希臘文作家的作品，還要考拉丁文和希臘文的文法。去學校之前我們用拉丁語複述幾頁拉丁文文法規則，並用引文來舉例說明。古典著作的學習還伴隨着數學學習。當然，這種古典文化的學習也包括歷史，即學習希羅多德、色諾芬、修昔底德[11]、薩盧斯特[12]、李維[13]和塔西佗。我仍然能感到色諾芬、薩盧斯特和李維著作的單調乏味。當然，我們都知道，他們是偉大的作家；但我在這篇自傳中對先人不諱言。

然而，其他作家的作品是饒有趣味的。的確，在我的回憶中，古典文化的教學是相當不錯的，那是無意識地將古老的文明與現代的生活進行一種比較。我得到允准可以不寫拉丁文詩，不閱讀某些拉丁文詩歌，以便騰出更多的時間研習數學。我們讀希臘文的《聖經》，即七十子希臘文本《聖經·舊約》[14]。這些經文課被安排在每星期天的下午和

11　修昔底德（Thucydides，約公元前 460 — 前 404），古希臘最偉大的歷史學家，著有《伯羅奔尼撒戰爭史》。

12　薩盧斯特（Sallust，公元前 86 — 前 34 ？），古羅馬歷史學家和政治家，著有《喀提林戰爭》、《朱古達戰爭》等。

13　李維（Livy，公元前 59 — 公元 17），古羅馬歷史學家，著有《羅馬史》142 卷，記述羅馬建城至公元前 9 世紀的歷史，大部佚失。

14　七十子希臘文本《聖經·舊約》（Septuagint）是現存最古老的希臘文本，相傳由 72 位猶太學者根據希伯來文本共同譯成。

星期一的上午，很受歡迎，因為經文作者們的希臘文水平似乎並不比我們高出許多，因此他們寫作時用簡單的語法。

那時，我們的課業負擔並不重。在學校的最後一年，我的時間主要是用在其他方面：我擔任學校的級長，負責學生們的課外紀律，這種校規是根據托瑪斯·阿諾德[15]的拉格比公學典範制定的；我還擔任運動會比賽隊的隊長，主要是板球隊和足球隊隊長。這些活動給人帶來極大的樂趣，但也很費時間。不過，我仍然有閒暇自己讀書。詩歌，特別是華茲華斯和雪萊[16]的詩使我很感興趣，此外還有歷史。

1880年秋天，我開始了在劍橋大學三一學院的大學生活；就居住在這所學校而言，可以說我在這裏的大學生活不間斷地一直持續到1910年的夏天。而我的三一學院校友的身份，先是作為學生，然後作為研究生，從來沒有中斷過。在社交能力的培養和知識的訓練方面，我得益於劍橋大學，特別是三一學院。

---

15 托瑪斯·阿諾德 (Thomas Arnold，1795 — 1842)，英國教育家，曾任拉格比公學校長，任職期間發揮學校級長的作用，讓年齡較大的學生負責年齡較小的學生的紀律。他的辦學方法對英國公學教育產生了巨大影響，他逝世後建立的許多學校均以拉格比公學為典範。

16 珀西·比希·雪萊 (Percy Bysshe Shelley，1792 — 1822)，英國重要的浪漫主義詩人，主要作品有《被解放的普羅米修斯》、《西風頌》、《雲雀》等。

教育培養人是一個極為複雜的題目，對此我們幾乎還沒有開始了解。對這個問題只有一點我可以肯定，那就是絕沒有普遍適用而簡單易行的辦法。我們必須考慮學生類型以及他們未來的機會給各類教育機構所帶來的特定問題。當然，就目前某一種特點的社會制度而言，某些形式的問題要比其他問題更普遍，比如，美國大多數州立大學現在所面臨的問題。在整個 19 世紀，劍橋大學在教育方面取得了傑出的成就。但是，劍橋的傳統做法只適合於十分特殊的環境和條件。

　　劍橋大學的正規教學由那些具有一流素質而又風趣的教師們承擔，他們出色地完成了工作。但是給每個本科生佈置的課程涉及的範圍較窄。例如，我在三一學院整個本科生學習階段聽的所有大課都是關於數學的，包括理論數學和應用數學。我從來不去其他的大課教室。不過，聽講座大課只是受教育的一個方面。缺少的東西通過與朋友、同學或老師不斷進行的交談得到了彌補。這種交談從傍晚 6 點或 7 點鐘正餐時開始，一直持續到大約晚上 10 點鐘，結束的時間有時早有時晚。而我在這種交談討論之後還要鑽研兩三個小時的數學。

　　朋友圈子並不以學習科目相同來劃分。我們都來自相同類型的學校，過去接受了相同的教育。我們討論各種題目，包括政治、宗教、哲學、文學，而對文學有一種偏愛。這使我們閱讀了大量各種各樣的書籍和報紙雜誌。例

如，1885年我獲得研究生獎學金時，幾乎能夠背誦康德[17]《純粹理性批判》的部分章節。現在我已經忘記了，因為我早就不再迷戀他了。我從未能閱讀黑格爾的著作：我曾經試着開始讀他有關數學的一些評論，我認為他的那些見解毫不足取。我愚蠢可笑，但我不打算說明我的道理。

今天，回顧半個多世紀前的生活，當時那些討論交談就像是一種每日進行的柏拉圖式的對話。亨利‧黑德（Henry Head）、達西‧湯普森[18]、吉姆‧斯蒂芬（Jim Stephen）、盧埃林‧戴維斯兄弟（the Llewellen Davies brothers）、洛斯‧迪金森（Lowes Dickinson）、納特‧韋德（Nat Wedd）、索利（Sorley），還有許多其他人 —— 他們之中的一些人後來出了名，另一些人雖然同樣能幹，卻默默無聞。這就是劍橋教育它的學子的方式。這是一種完全仿效柏拉圖式的方法。那些每星期六晚上從10點到半夜任何時候聚集在各自房間裏的「使徒們」，就是這種學習生活的集中體現。熱心的參與者是八到十個本科生或年輕的文科學士，但那些已經「飛走的」年紀略大些的成員也常常加入這種討

17　伊曼努爾‧康德（Immanuel Kant，1724 — 1804），德國哲學家，德國古典唯心主義哲學創始人，著有《純粹理性批判》、《實踐理性批判》等。

18　達西‧温特沃思‧湯普森（D'Arcy Wentworth Thompson，1860 — 1948），英國動物學家和古典文化學者，生物學教授，曾在劍橋大學三一學院學習。

論。在那兒，和我們討論的有歷史學家梅特蘭[19]以及維羅爾（Verrall）、亨利·傑克遜（Henry Jackson）、西奇威克[20]，還有碰巧到劍橋來度週末的那些法官、科學家或議會議員們。這種討論對於學習具有一種非常好的作用。這個俱樂部是由丁尼生[21]和他的朋友於19世紀20年代後期發起的，至今仍在蓬勃發展。

倘若柏拉圖在世，我在劍橋求學時那種注重數學以及注重朋友間自由討論的教育方式會受到他的讚許。隨着時代的變化，劍橋大學已經改革了它的教育方法。它在19世紀取得的成功是一種令人愉快的事，這依賴於當時的社會環境，而那樣的社會環境已經不復存在了 —— 這值得慶幸。柏拉圖式的教育就其適用於生活來說是有很大局限性的。

1885年秋天，我獲得三一學院研究生獎學金，而且有幸應聘到一個教職。1910年我辭去了擔任的最後一個職位高級講師，遷往倫敦。

19　弗雷德里克·威廉·梅特蘭（Frederic William Maitland，1850 — 1906），英國法學家和法律史學家。1876年獲三一學院文科碩士，曾任劍橋大學高級講師和教授。其特殊貢獻是運用歷史的和比較的方法研究英國的制度。

20　亨利·西奇威克（Henry Sidgwick，1838 — 1900），英國哲學家和作家。曾任教於劍橋大學三一學院。其主要著作《倫理學方法》被一些評論家認為是19世紀最重要的英語倫理學著作。

21　艾爾弗雷德·丁尼生（Alfred Tennyson，1809 — 1892），英國詩人，維多利亞時代詩歌的主要代表人物。1827年入劍橋大學三一學院學習，1850年被封為桂冠詩人。

1890 年 12 月，我和伊夫林‧威洛比‧韋德 (Evelyn Willoughby Wade) 結婚。我妻子對我的世界觀影響很大，所以我必須提到，這種影響在我的哲學著作中是一個重要的因素。至此，我一直在敍述英國職業階層生活中那種狹窄的英國式的教育。職業階層影響着高居他們之上的貴族，也引導着地位比他們卑微的大眾，這一社會等級的盛行是 19 世紀英國成功與失敗的原因之一。這是幾乎未能載入歷史的國民生活倒退的一個因素。

我妻子的背景與我的完全不同，即軍事和外交的背景經歷。她那豐富多彩的生活使我明白，道德的和美學意義上的美，是生存的目的；善良、愛和藝術上的滿足是實現它的形式。邏輯和科學揭示相關的模式，也可以避免不相關的事物。

這種世界觀或多或少把通常哲學上強調的重點轉向過去。它關注那輝煌的藝術和文學的時代，認為藝術和文學最好地表現了生活的完美價值。人類成就的高峯不等待體系化學說的出現，儘管體制在文明的興起中具有十分重要的作用。它使一種穩定的社會體制逐漸成長發展起來。

我們的三個孩子出生於 1891 年至 1898 年之間。他們都參加了第一次世界大戰：大兒子在整個戰爭期間隨軍轉戰法國、東非和英國；我們的女兒隨外交部在英國和法國工作；小兒子在空軍服役，1918 年 3 月，他駕駛的戰機在法國被擊落，不幸以身殉職。

大約有八年時間（1898 年至 1906 年）我們居住在格蘭特切斯特的老磨坊（Old Mill House），這裏距劍橋約三英里。從我們的窗戶望出去，可以看見磨坊的一個池塘，那時磨坊還在經營，如今它早已不存在了。那裏現在還有兩個磨坊池塘，年代較久的那個池塘在河上游幾百碼處，喬叟曾在他的詩中提到過。我們的房子有一部分已相當古老，可能建於 16 世紀。整個地區有一種天然美，充滿了各種往日的回憶，從喬叟到拜倫[22] 和華茲華斯。後來，另一位詩人，魯珀特·布魯克[23] 搬進了附近的那幢房子，即老牧師宅第。但那是在我們搬走之後，與我們的生活沒有關係。我必須提一下沙克伯勒（西塞羅書信的翻譯者）夫婦（the Shuckburghs），還有威廉·貝特森[24]（遺傳學家）夫婦，他們也住在那個村子裏，是我們的好朋友。我們在格蘭特切斯特度過了愉快的生活，這要感謝沙克伯勒夫婦，是他們為我們找到了房子。屋外有一座美麗的花園，房屋牆壁上爬滿開花的藤蔓植物，還有一棵可能是喬叟栽下的紫杉樹。春天，夜鶯把我們從睡夢中喚醒，還有成羣的翠鳥在

22　喬治·戈登·拜倫（George Gordon Byron，1788 — 1824），英國重要的浪漫主義詩人，主要作品有《恰爾德·哈羅爾德遊記》、《唐璜》等。

23　魯珀特·布魯克（Rupert Brooke，1887 — 1915），英國詩人。1906 年入劍橋大學學習，後留學德國，並遊歷意大利、美國、加拿大和南半球各地。著有《詩集》。

24　威廉·貝特森（William Bateson，1861 — 1926），英國生物學家。1908 年任劍橋大學第一任英國遺傳學教授。著有《蒙德爾的遺傳原理》和《遺傳學問題》。

河面上飛翔。

我的第一本書《泛代數》於1898年2月出版。這本書的寫作是從1891年1月開始的。其思想概念主要是根據赫爾曼·格拉斯曼[25]的兩部著作：1844年出版的《線性擴張論》和1862年的新版《線性擴張論》。其中1844年的那本是最重要的。遺憾的是，那本書出版時卻沒有人能理解它：格拉斯曼領先了他的時代整整一個世紀。對我的思想幾乎產生過同樣重要影響的還有威廉·羅恩·哈密頓爵士[26] 1853年發表的《四元數》，和在此之前於1844年發表的一篇論文，以及布爾[27]1859年發表的《符號邏輯》。我後來在數理邏輯方面所做的全部研究工作都來源於這些成果。格拉斯曼是一位有創見的天才，但人們從來沒有充分認識他。萊布尼茲[28]、薩切瑞（Saccheri）和格拉斯曼論述這

---

25 赫爾曼·格拉斯曼 (Hermann Grassmann，1809 — 1877)，德國數學家，近世代數的先驅。他興趣廣泛，除數學外，對電學、聲學、植物學、語言學等均有研究和論述，是有成就的語言學家。著有《線性擴張論》等。

26 威廉·羅恩·哈密頓 (William Bowan Hamilton，1805 — 1865)，愛爾蘭數學家和天文學家，對四元數理論發展做出了巨大貢獻。曾任三一學院天文學教授、愛爾蘭皇家科學院院長和美國國家科學院外籍院士。1835年受封為爵士。

27 喬治·布爾 (George Boole，1815 — 1864)，英國數學家和邏輯學家，致力於近代符號邏輯的建立，是現今稱為布爾代數的邏輯代數的開拓者。著有《邏輯學的數學分析》等。

28 戈特弗里德·威廉·萊布尼茲 (Gottfried Wilhelm Leibniz，1646 — 1716)，德國自然科學家、數學家和哲學家，其影響涉及邏輯學、數學、力學、地質學、法學、歷史學、語言學和神學等廣泛領域，對西方文明做出了巨大的貢獻。

些題目時，人們還不能理解它們，或者說還不能認識其重要性。確實，可憐的薩切瑞自己也沒有認識到他的研究成果的重要意義，而萊布尼茲也沒有發表他在這方面的研究成果。

我對萊布尼茲研究的了解完全依據路易斯·庫蒂拉[29]的《萊布尼茲的邏輯》一書，該書於 1901 年出版。

提到庫蒂拉，使我想起另外兩次與法國有關的經歷。埃利·阿萊維[30]是研究 19 世紀早期英國歷史的學者，他常常訪問劍橋，我們和阿萊維夫婦之間的友情曾給我們帶來極大的歡愉。

另一次是 1914 年 3 月在巴黎召開的數理邏輯代表大會。庫蒂拉出席了那次大會，還有格扎維埃·萊昂（Xavier Leon），我想還有阿萊維。會場上有許多意大利人和德國人，還有一些英國人，包括伯特蘭·羅素[31]和我們自己。大會代表受到各方面知名人士的盛情款待，包括法蘭西共和

---

29 路易斯·庫蒂拉 (Louis Couturat，1868－1914)，法國哲學家和邏輯學家，曾任法蘭西學院教授，著有《論數學之無窮》、《通用語言史》（合著）、《邏輯代數》、《數學原理》等。

30 埃利·阿萊維 (Elie Halevy，1870－1937)，法國歷史學家，著有 6 卷本《19 世紀英國人民史》，詳細論述 1815 年後英國政治、經濟和宗教發展的過程。

31 伯特蘭·羅素 (Bertrand Russell，1872－1970)，20 世紀偉大的思想家，一生著述豐富，涉及哲學、數學、科學、社會學、教育、歷史、宗教等各方面，尤其在數學和邏輯領域做出了傑出貢獻，對西方哲學產生了深刻影響。羅素 1890 年入劍橋三一學院；1910 年至 1913 年與懷特海合作完成 3 卷本的《數學原理》；1950 年獲諾貝爾文學獎。

國總統舉行的一次招待會。在最後一次會議結束時，大會主席熱烈祝賀我們的大會取得成功，並在發言結束時希望我們帶着對「美妙的法蘭西」的美好回憶返回我們各自的國家。然而，不出五個月，第一次世界大戰就爆發了。那是一個時代的結束，但我們當時並不知道這一點。

《泛代數》的出版使我於 1903 年當選為英國皇家學會會員。約三十年後（1931 年），我由於從 1918 年開始哲學研究而取得的成績當選為英國科學院研究員。同時，在 1898 年至 1903 年間，我準備《泛代數》第二卷的寫作，但第二卷一直沒有發表。

羅素於 1903 年發表了《數學原理》，這也是「第一卷」。然後我們發現，我們兩人各自計劃的第二卷實際上是論述相同的題目，於是我們決定合作來編寫一部著作。我們原希望用一年左右的時間完成這項工作。但是，後來我們的視野擴大了，於是我們用了八九年的時間，完成了《數學原理》。討論這本書超出了這篇自述的範圍。羅素在 19 世紀 90 年代初進入劍橋大學。像世界其他地方的人一樣，我們也分享了他的智慧的光彩，起初他是我的學生，後來我們成為同事和朋友。他是我們在劍橋時期生活中的一個極其重要的組成部分。但我們在哲學和社會學方面的基本觀點並不相同，而由於興趣不同，我們的合作就自然地結束了。

1910 年夏天，劍橋大學學期結束時，我們離開了劍

橋。我們定居倫敦期間，居住在切爾西，大部分時間是居住在卡萊爾廣場的住所。不管我們搬到什麼地方，我妻子的審美趣味都使我們的房屋充滿魅力，有時候幾乎令人驚歎。特別是我們在倫敦時居住的一些房子，那些房子本來似乎是與美無緣的。此時我回想起那個警察，他看見一個美麗的女孩清晨走進了我們的房子。她曾經覲見女王，然後去參加一個宴會。那個警察後來問我們的女僕，他那天看見的是一個塵世的少女還是聖母馬利亞。他幾乎無法相信身穿漂亮衣服的一個真人會住在那裏。但是，房子裏確實閃耀着美的光彩。

在倫敦時，我在大學的第一個學年（1910 — 1911）沒有任何學銜。我的《數學導論》就是在那段時期寫出的。從 1911 年到 1914 年夏季這段時間，我在附屬於倫敦大學的大學學院[32] 擔任數個不同的職位；從 1914 年到 1924 年夏，任肯辛頓帝國科技學院的教授。在那段時期的後幾年裏，我擔任該大學科學系的主任、教務委員會主任，該委員會負責管理與倫敦教育有關的內部事務，以及校務會成員。我還擔任哥爾德斯密斯學院理事會主席和自治市鎮工藝專科學校理事會的成員。我的這些職務還涉及到許多其他的委員會。實際上，參與倫敦的大學和技術教育管理，

---

32 大學學院 (University College) 是英國無權授予學位的高等教育機構，其學生從一個得到承認的大學，如倫敦大學、牛津大學、劍橋大學等獲得學位。

還要完成在帝國科技學院的教學工作，生活是繁忙的。大學祕書處全體人員高效率的工作使我們這種繁忙的生活井然有序。

在長達14年的時間裏，處理倫敦大學的這些問題的體驗，改變了我對現代工業文明中高等教育的看法。那時，仍然流行對大學的作用持一種狹隘的觀點。有牛津和劍橋的模式，還有德國的模式。人們對其他的模式都採取無知的蔑視態度。那些追求知識啟蒙的工匠們、社會各階層渴求知識的活躍的青年人，以及由此而帶來的各種問題——所有這一切都是我們文明中的一種新的因素。但知識界卻依然沉浸在過去中。

倫敦大學是各種不同類型的教育機構的聯合體，其目的是解決現代生活中我們面臨的這個新問題。最近，在霍爾丹勛爵（Lord Haldane）的影響下，倫敦大學進行了改革，並取得了巨大的成就。許多男子和婦女——商人、律師、醫生、科學家、文學家，以及行政部門的官員們——把自己的全部或部分時間用來研究解決教育中出現的這個新問題，他們正在實現一種迫切需要的變革。在這種改革中，他們並非孤軍作戰：在美國，他們的同行正在不同的情況下解決類似的問題。教育方面這種新的變革可能是拯救文明的因素之一，這種說法並不過分。最相似的例子是一千年前隱修院的改革。

回憶這些個人的經歷，目的是要說明我所處的那種有

利的生活環境發掘潛能的方式。我不可能判斷這種結果的長久價值，但我知道產生這種結果所需要的愛、仁慈和鼓勵。

現在來看生活的另一面。在我逗留劍橋大學的後期，我參加了許多政治辯論和學術辯論。那時，婦女解放的重大問題在經過了半個世紀的不斷激化後，突然爆發了。我那時是大學評議會特別委員會的成員，該委員會報告贊成在大學裏實行男女平等的政策。在經過激烈的辯論和學生方面聚眾鬧事後，我們失敗了。如果我記得不錯的話，時間大約是在1898年。但是後來，在倫敦和其他地方，直到1914年大戰開始之前，還不時發生激烈的事件。意見分歧超越了黨派界限；例如，保守黨領袖貝爾福[33]支持婦女，自由黨領袖阿斯奎斯[34]則持反對態度。1918年戰爭結束時，這場運動取得了勝利。

我的政治觀點過去和現在都屬於自由派這一邊，反對保守黨人。我現在要談談英國的政黨分野。自由黨現在（1941年）實際上已經消失不存在了；在英格蘭，我的選票

33　阿瑟·詹姆斯·貝爾福 (Arthur James Balfour, 1848－1930)，英國政治家，畢業於劍橋大學三一學院，先後出任英國首相和外交大臣，因發表支持猶太復國主義的《貝爾福宣言》而聞名。畢生關注科學和哲學問題，1922年受封為伯爵。

34　赫伯特·亨利·阿斯奎斯 (Herbert Henry Asquith, 1852－1928)，英國自由黨內閣首相。就學於牛津大學，曾擔任律師，以善辯聞名政界。先後出任內務大臣和財政大臣。晚年著有《國會五十年》、《回憶與回顧》等。

將會投給溫和的工黨。不過，眼下在英國可以說完全沒有「政黨」。

我們住在格蘭特切斯特的時候，我在格蘭特切斯特和這個地區的鄉村多次發表過政治講演。集會常常是晚上在行政堂區的學校教室裏舉行。那是一種令人興奮的工作，因為全村的人都會參加這種集會，大家激烈地表達自己的意見。英國鄉村不喜歡正式的政黨候選人的競選經理人。他們需要當地的居民向他們發表演說。我總是發現，黨派競選經理人是令他們討厭的人。臭雞蛋和爛橘子是反對黨的有效武器，我常常領教這種武器的厲害。但它們反映的是當地居民的旺盛精力，而不是惡意。我們最糟糕的一次經歷是參加在劍橋大學吉爾德廳（Guildhall）裏舉行的一次集會，演講人是那時新工黨的領袖基爾・哈迪[35]。我妻子和我也在主席台上，坐在哈迪的後面，台下是一羣鬧事的大學生。結果，凡是沒有打中基爾・哈迪的爛橘子正好打中我妻子或我。我們居住在倫敦期間，我的各種活動都是完全與教育有關的。

我在倫敦開始撰寫哲學方面的著作，那是在戰爭即將結束的時候。倫敦亞里士多德學會是一個令人愉快的討論

---

35 基爾・哈迪（Keir Hardie，1856—1915），英國工人領袖，英國第一位工人議員，也是下院中第一位工黨領袖，曾任潘克赫斯特夫人領導的女權運動的顧問。

場所，我們在那裏結交了一些親密的朋友。

　　1924 年，在我 63 歲時，我有幸應聘接受了哈佛大學哲學系的教職。1936 年至 1937 年學年結束時，我成為榮譽退休教授。我無法用語言來充分表達哈佛大學校方、我的同事、學生以及我的朋友們給予我的鼓勵和幫助。他們對我妻子和我關懷備至。我出版的書中疏漏和錯誤一定不少，這完全由我個人負責。在此我大膽引用一句適合所有哲學著作的評論：哲學試圖用有限的語言表述無窮的宇宙。

　　在本文結尾討論哈佛大學和它的許多影響是不可能的。這樣一個題目也不完全符合本書的宗旨。今天，在美國，人們追求知識的熱情使我們想起偉大的希臘時代和文藝復興時代。然而，更重要的是，美國全體人民懷有一種熱誠的關懷，這在任何一個龐大的社會體制裏都是無與倫比的。

艾爾弗雷德·諾思·懷特海
1941 年於馬薩諸塞州，坎布里奇

懷特海主要著述目錄

On The Motion Of Viscous Incompressible Fluids.A Method of Approximation (1888)

Second Approximations To Viscous Fluids Motion. A Sphere Moving Steadily in a Straight Line (1888)

A Treatise On Universal Algebra, with Applications (1898)

Memoir On The Algebra Of Symbolic Logic (1901)

The Logic Of Relations, Logical Substitution Groups, And Cardinal Numbers (1903)

Theorems On Cardinal Numbers (1904)

The Axioms Of Projective Geometry (1906)

On Mathematical Concepts Of The Material World (1906)

The Axioms Of Descriptive Geometry (1907)

Principia Mathematica (With Bertrand Russell，1910-1913)

An Introduction To Mathematics (1911)

The Principles Of Mathematics In Relation To Elementary Teaching (1912)

The Place Of Mathematics In A Liberal Education (1912)

Space, Time, And Relativity (1915)

The Aims Of Education. A Plea for Reform (1916)

The Organisation Of Thought (1916)

Technical Education And Its Relation To Science And Literature (1917)

An Enquiry Concerning The Principles Of Natural Knowledge (1919)

A Revolution In Science (1919)

Fundamental Principles In Education (1919)

The Concept Of Nature (1920)

Einstein's Theory; An Alternative Suggestion (1920)

Science In General Education (1921)

The Principle Of Relativity, With Applications to Physical Science (1922)

The Rhythm Of Education (1922)

The Philosophical Aspects Of The Principle Of Relativity (1921-1922)

The Place Of Classics In Education (1923)

The First Physical Synthesis (1923)

The Rhythmic Claims Of Freedom And Discipline (1923)

Science And The Modern World (1925)

The Importance Of Friendly Relations Between England And The United States (1925)

Religion And Science (1925)

Religion In The Making (1926)

The Education Of An Englishman (1926)

Symbolism, Its Meaning And Effect (1927)

England And The Narrow Seas (1927)

Universities And Their Function (1928)

Process And Reality; An essay in cosmology (1929)

The Function Of Reason (1929)

The Aims Of Education And Other Essays (1929)

Objects And Subjects (1932)

Adventures Of Ideas (1933)

The Study Of The Past—Its Uses And Its Dangers (1933)

Nature And Life (1934)

Indication, Classes, Numbers, Validation (1934)

The Aims Of Philosophy (1935)

Memories (1936)

Harvard: The Future (1936)

Modes Of Thought (1938)

An Appeal To Sanity (1939)

John Dewey And His Influence (1939)

Autobiographical Notes (1941)

Mathematics And The Good (1941)

Immortality (1941)

Statesmanship And Specialized Learning (1942)

譯後記

　　英國數學家和哲學家艾爾弗雷德·諾思·懷特海（1861 — 1947）是歐洲 19 至 20 世紀傑出的思想家。他一生著述豐富，探索和研究的題目涉及自然科學和社會科學的諸多領域，並取得了巨大的成就。在哲學方面，他受柏拉圖形而上學體系的影響，又闡發了柏拉圖的思想；他與法國的柏格森（Henri Bergson，1859 — 1941）和美國的杜威（John Dewey，1859 — 1952）被認為是 20 世紀前半葉最重要的三位思辨哲學家。在數學方面，他與羅素（Bertrand Russell，1872 — 1970）合作完成了偉大的著作《數學原理》，將人類的邏輯思維向前推進一步。他一生大部分時間在英國和美國的大學講學，他那深刻而富有創見的教育思想在歐美教育界也產生了深遠的影響。

　　懷特海出身於教育世家，他的祖父和父親曾任家鄉一所私立學校的校長。懷特海幼年時身體孱弱，在家跟隨父親學習，14 歲時才到當時英格蘭最好的學校之一舍伯恩學校接受正規教育。他 19 歲入劍橋大學三一學院攻讀數學，課餘對文學、哲學、宗教、神學也表現出濃厚的興趣。畢業後，他先後在劍橋三一學院、哥爾德斯密斯學院、倫

敦大學學院、帝國科技學院和美國哈佛大學等學校教書。從懷特海的一生經歷看，他始終浸潤在充滿人文主義精神的環境中。他正是根據自己的親身體驗，以數學家和哲學家敏銳的直覺和深刻的思考，提出了一系列新穎的教育思想。今天，使學生接受全面的素質教育成為教育家們特別關注的問題，而八十多年前，懷特海在他關於教育的講演中就提出了獨到的見解：他反對向學生灌輸知識，提倡引導他們自我發展；他提出智力發展的節奏性階段論；他倡導使受教育者在科學和人文方面全面發展；他強調古典文學藝術在學生智力發展和人格培養中的重要性；他還重視審美在道德教育中的意義，認為受教育者「如果不能經常目睹偉大崇高，道德教育便無從談起」。懷特海的講演中充滿了這種精闢的論述，這些仍具現實意義的教育思想應該引起今天的教育工作者們的認真思考。

收入這個譯本的六篇講演和文章是根據倫敦恩斯特·本有限公司（Ernest Benn Limited）1950年出版的《教育的目的及其他論文》一書譯出的，此外收入了懷特海80歲時在哈佛大學寫下的一篇自述生平。這篇自述文字樸素優美，讀者從中可以看出一個畢生致力於科學的老人暮年時回顧自己學術探索和心靈發展的路程。為使讀者更好地了解本書的內容，譯本對一些歷史人物加了簡單的註釋。懷特海的教育思想十分豐富，譯者不揣冒昧，選譯若干篇供有興

趣的讀者參考。限於水平，譯文中難免錯漏之處，敬請專
家批評指正。

徐汝舟
2001 年於北京師範大學

責任編輯　鍾昕恩
封面設計　高　林
版式設計　龐雅美
排　　版　陳美連
印　　務　劉漢舉

教育的目的

［英］懷特海 著
徐汝舟 譯

出版 / 中華教育

香港北角英皇道 499 號北角工業大廈 1 樓 B 室

電話：(852) 2137 2338　　傳真：(852) 2713 8202

電子郵件：info@chunghwabook.com.hk

網址：https://www.chunghwabook.com.hk

發行 / 香港聯合書刊物流有限公司

香港新界荃灣德士古道 220–248 號荃灣工業中心 16 樓

電話：(852) 2150 2100　　傳真：(852) 2407 3062

電子郵件：info@suplogistics.com.hk

版次 / 2023 年 9 月第 1 版第 1 次印刷

©2023 中華教育

規格 / 32 開 (196mm x 130mm)

ISBN / 978–988–8860–63–0